Sopravvivere alla crisi!

2022-2023 Investimenti:
Strategie redditizie e a prova di inflazione per i principianti per investire e fare trading con criptovalute, NFT, obbligazioni, azioni e molto altro ancora.

AF417709

Edizione 3.0

CASA EDITRICE DEFI
&
EDIZIONI STELLAR MOON

Dichiarazione di non responsabilità

Crypto e mercati finanziari in guerra?

La guerra tra Russia e Ucraina è dirompente su molti fronti. Ovviamente per l'Ucraina, ma anche per milioni di cittadini e intere organizzazioni, governi e processi. Tutto viene raso al suolo, dove la crittografia e le sue applicazioni possono offrire una prospettiva. La guerra in Ucraina è il catalizzatore dell'adozione delle criptovalute. In questo capitolo vi illustrerò come la Russia e l'Ucraina stanno utilizzando le criptovalute in questo periodo di guerra, nonché il contributo che potete dare e i pro e i contro del mercato delle criptovalute in tempo di guerra.

Le cause della guerra tra Ucraina e Russia
La guerra tra Ucraina e Russia è una notizia importante per tutto il mondo. Siamo tutti preoccupati per gli ucraini che fuggono e combattono contro l'influenza della Russia. O, più precisamente, l'influenza di Putin. Ma cosa ha causato questa guerra?

Le tensioni tra Occidente e Russia esistono da secoli. Già intorno al Medioevo gli zar si opponevano ferocemente all'Occidente moderno, e all'epoca del comunismo le cose non cambiarono. All'inizio del 1900 il regno degli zar finì e i comunisti presero il sopravvento. In effetti, da quando Vladimir Putin governa la nazione, è diventato molto più feroce contro l'espansione dell'Unione Europea e della NATO.

Ma se le tensioni esistono da secoli, perché questa escalation?

Sovranità della Russia
La sovranità, nel caso della Russia, significa che Putin detiene l'autorità suprema all'interno del proprio territorio. Pertanto, non può apprezzare l'influenza dell'Occidente sul suo regime sostenendo le rivolte. Si pensi all'Ucraina, al Kosovo, alla Georgia e ad altri Paesi dell'Asia centrale.

L'Ucraina si sta muovendo più verso l'Occidente che verso la vicina Russia, e questo non è gradito a Vladimir. Quella che era iniziata come una dimostrazione di forza, in cui tutti pensavano che Putin volesse dimostrare quanta influenza potesse effettivamente esercitare, si è intensificata in modo gigantesco il 24 febbraio 2022, quando le truppe russe hanno invaso l'Ucraina dalla Crimea.

La causa esatta della guerra tra russi e ucraini non è ancora chiara. Probabilmente ha a che fare con la volontà di Vladimir Putin di proteggere il suo Paese da un'ulteriore disintegrazione. L'influenza dei gruppi democratici minacciava il suo potere, per certi versi immaginario. Per mesi ha negato i piani di attacco, ma alla fine del 2021 Putin ha minacciato di attuare misure tecnico-militari se la NATO non avesse voluto ritirarsi dai Paesi baltici e dalla Polonia.

Alla fine è diventato chiaro che egli è convinto che l'Ucraina appartenga alla Russia e il 24 febbraio 2022 ha invaso il Paese. Da allora si è verificata un'enorme crisi dei rifugiati, una distruzione totale, molte vittime (mortali) e un problema globale. Ora che l'Ucraina ha iniziato il processo di adesione all'Unione Europea, le relazioni non miglioreranno per il momento. Il tempo ci dirà per quanto tempo continuerà la guerra, ma come faremo a superare il periodo relativamente indenni fino alla fine, dal punto di vista finanziario?

Come viene utilizzata la crittografia da entrambi i paesi?
A febbraio di quest'anno il mercato russo delle criptovalute era valutato oltre 200 miliardi di dollari, più del 12% del mercato mondiale. All'epoca, gran parte della popolazione era in possesso di criptovalute, dopodiché il Ministero delle Finanze russo ha presentato un progetto di legge.

È stato imposto un divieto sui pagamenti in criptovaluta per servizi e beni, che ha anche immediatamente posto un limite al numero di rubli che le persone potevano investire in valute digitali. Anche il mining di criptovalute è stato limitato.

Alla fine di marzo, è stato annunciato da Pavel Zavalny (presidente del Comitato russo per l'energia, tra gli altri) che i Bitcoin saranno accettati dalla Russia, quando si parlerà di esportazione di risorse naturali. Noi, residenti

in Occidente, potremo acquistare gas essenziale dal
Paese di Putin, attraverso il baratto con rubli e oro.

I Paesi che non fanno "pressione" sulla Russia possono
pagare nelle loro valute nazionali, come rubli, lire e
yuan, ad esempio. In breve, se si sostiene la Russia le
possibilità sono infinite, ma se si lavora contro di essa?
Allora si combatte una battaglia senza fine.

Criptovalute in Ucraina
L'Ucraina era ancora un po' un'eccezione nel mercato
delle criptovalute, ma la situazione sta per cambiare.
Mykhailo Fedorov, il Ministro degli Affari Digitali, aveva
già proposto la legalizzazione del trading di criptovalute
per i cittadini lo scorso anno. La proposta è stata
redatta e il mese scorso (2022 marzo) Zelensky ha fatto
la storia apponendo la sua firma.

La legalizzazione del mercato delle criptovalute in
Ucraina consentirà di utilizzare le donazioni in Bitcoin
(BTC) nella lotta contro i russi. Secondo il Ministero,
questo è "un passo importante per far uscire dall'ombra
il mercato delle criptovalute...". In poco tempo sono già
stati donati oltre 50 milioni di euro in criptovaluta.

Il ruolo delle criptovalute nella crisi
Questa è la prima guerra globale in cui le criptovalute
hanno giocato un ruolo di primo piano. I governi stanno
valutando nuove leggi e regolamenti e il conflitto tra
Russia e Ucraina ne risente in vari modi. Introducendo
le criptovalute all'interno dei confini russi, si può

esercitare un'influenza sul regime autoritario di Mosca. In questo modo c'è un'alternativa al rublo, che offre una prospettiva economica, anche se Putin non vorrebbe che ciò avvenisse.

Gli oppositori della criptovaluta parlano soprattutto di incoraggiare le transazioni illegali e di un modo per le entità di aggirare le sanzioni.

Per l'Ucraina le monete digitali sono importanti perché possono essere utilizzate per raccogliere donazioni. Il Ministero della Trasformazione Digitale ha sviluppato un ottimo sito per questo, con uno slogan accattivante: "non lasciateci soli con il nemico".

Hanno già raccolto oltre 60 milioni di dollari e con oltre 70 monete è possibile sostenere gli ucraini nella loro "lotta per la libertà". Il più grande exchange del Paese orientale, Kuna.io, sta aiutando a raccogliere il maggior numero possibile di fondi di sostegno. Finora la maggior parte delle donazioni è arrivata dai consumatori di tutto il mondo.

Come vengono impiegate le donazioni in criptovaluta dall'Ucraina?
Si tratta di un metodo moderno di crowdfunding, che presenta diversi vantaggi e svantaggi. Ne parleremo più avanti in questo capitolo. Per prima cosa, analizzeremo ciò che Zelensky sta facendo principalmente con tutti questi fondi, al fine di rafforzare la sua nazione.

Per cominciare, può condurre le transazioni più facilmente, poiché non è necessario coinvolgere una terza parte. In questo modo si evita il rischio di blocchi, poiché non c'è potere con altre parti. Anche l'esercito riceve un sostegno, con il quale investe in materiali non letali, come giubbotti antiproiettile e altri materiali a supporto dei soldati ucraini.

Nel processo, i soldati russi vengono anche pagati in Bitcoin (BTC), se si arrendono. Vengono quindi dati loro 5 milioni di rubli russi, che si convertono in oltre 43.000 euro, e viene loro permesso di tornare in patria senza alcuna punizione da parte dell'Ucraina.

È emerso anche un progetto speciale di criptovaluta che consente di effettuare donazioni e investimenti: HUKR (Help Ukraine).

Dove finiscono le donazioni in criptovaluta?
Con il loro slogan "Investire per donare", trasferiscono i fondi a enti di beneficenza, come ad esempio:

- Soldati rivivificati Ucraina
- NOVA Ucraina
- Fondazione USA-Ucraina
- Comitato Internazionale della Croce Rossa
- Speranza per l'Ucraina
- Fondazione LELEKA
- Fondo per l'aiuto ai bambini Ucraina

I fondi vengono utilizzati per acquistare risorse essenziali per i civili e per gestire le evacuazioni.

Vantaggi e svantaggi delle criptovalute in tempo di guerra

Vantaggi
Effettuare transazioni senza l'intervento di terzi
Maggiore attenzione alla regolamentazione
La stagflazione* apre la strada a un nuovo sistema finanziario
La stagflazione è una combinazione di inflazione e stagnazione. Quando l'inflazione è elevata, la crescita economica rallenta e la disoccupazione rimane alta.

Svantaggi
Possibile impatto negativo sul mercato (delle criptovalute)
Gli utenti russi non sono preferibilmente bloccati, a causa della natura decentralizzata

Perché le criptovalute non sono in crescita?
Il mercato delle criptovalute è fatto apposta per questa situazione. Una moneta decentralizzata, anonima e digitale è proprio ciò di cui abbiamo bisogno. "Aspettate che scoppi la guerra" e "Aspettate che ci sia la censura delle grandi banche" sono affermazioni comuni dei fanatici delle criptovalute. Tuttavia, ora che la guerra è scoppiata, il settore delle criptovalute non è in piena espansione. Come è possibile?

Secondo gli specialisti, ci sono diverse spiegazioni per questo. È importante sapere che questo non significa assolutamente la fine del sistema decentralizzato, anzi. Il problema, infatti, è che il "cittadino comune" conosce ancora troppo poco le criptovalute. Anche l'élite ucraina fatica a convertire i propri beni in criptovalute, in parte a causa della scarsa connessione a Internet.

Un altro fattore è l'elevata volatilità del Bitcoin (BTC). A causa delle estreme fluttuazioni di prezzo, la moneta non è ancora utilizzabile per scopi economici e politici, come ad esempio per contrastare l'instabilità dell'economia. Il viceministro ucraino della trasformazione digitale, Alex Bornyakov, ha dichiarato quanto segue sul ruolo delle criptovalute nell'attuale crisi. "In una situazione come questa, in cui la banca nazionale non è pienamente operativa, la criptovaluta sta aiutando a eseguire trasferimenti rapidi, a renderli molto veloci e a ottenere risultati quasi immediatamente".

Nel farlo, ha anche parlato con cautela: "Non credo che la criptovaluta stia giocando un ruolo importante, ma il suo ruolo è essenziale in questo conflitto in termini di aiuto al nostro esercito".

In questo capitolo abbiamo toccato tutti i tipi di aspetti legati alla guerra tra Ucraina e Russia e alle criptovalute. L'utilizzo delle criptovalute presenta sia vantaggi che svantaggi, poiché il mercato è ben lungi dall'essere integrato ovunque. Un vantaggio è sicuramente la natura decentralizzata, ma ovviamente in tempi di guerra si gioca molto di più. Il fatto che il denaro possa essere raccolto in modo indipendente, senza il coinvolgimento di superpotenze, è ovviamente sbalorditivo. Sia i militari ucraini che i civili possono così ricevere fondi per portare in salvo se stessi o i propri cittadini. In questo modo sono disponibili anche fondi da investire in armi o strumenti, ai quali i russi non possono negare l'accesso.

Nel complesso, si può dire che l'uso delle criptovalute può aumentare e garantire lo sviluppo, la sicurezza e il rifugio delle persone in tutto il mondo. In questo modo, offre l'opportunità di raccogliere denaro senza barriere e di impiegarlo dove è più necessario. Man mano che un numero maggiore di persone conosce il mondo delle criptovalute e inizia a convertire i propri beni (in parte) in valute digitali, si prevede una crescita significativa.

Nota: Se vi siete appassionati alle criptovalute e alle loro applicazioni? Allora andate a fare delle ricerche voi stessi. Non lasciatevi guidare dall'entusiasmo o dall'opinione di altri o dal vostro istinto, ma fate delle vere e proprie ricerche.

Indice dei contenuti

Il vostro libro gratuito

Se volete iniziare in modo redditizio nel mondo delle criptovalute, assicuratevi di scaricare il nostro bonus gratuito con **12 consigli estremamente preziosi per i principianti!**

Con questo libro e questi consigli, avrete la garanzia di un ottimo inizio per i vostri investimenti futuri!

Iscriviti qui per ottenere l'accesso immediato e dare il via al tuo successo in criptovaluta:

https://campsite.bio/stellarmoonpublishing

Il nostro corso di trading esperto in

criptovalute

Siete alla ricerca di un nuovo modo di investire?

Volete fare un po' di soldi?

Siete interessati a investire ma non sapete da dove cominciare?

Volete iniziare il vostro trading di criptovalute con le conoscenze di rinomati esperti di finanza e investimenti?

Il Corso di Expert Trading sulle criptovalute è il corso più completo sul trading e l'investimento con le criptovalute. Imparerete a fare trading in pochi minuti al giorno. Vi insegniamo tutto, dall'analisi tecnica alla gestione del rischio e molto altro ancora.

Il nostro obiettivo è aiutarvi a diventare un trader di successo, in modo che il vostro futuro finanziario sia sicuro.

Investire non è mai stato così facile con il nostro programma passo-passo che insegna ai principianti come fare trading come un esperto, con il potenziale di ottenere enormi profitti!

La parte migliore di questo corso è che è tenuto da esperti. Quindi, cosa state aspettando? Iniziate oggi stesso!

Per ulteriori informazioni, visitate questo link:

https://payhip.com/b/ork8N

I nostri libri

Per saperne di più sugli NFT, sul trading e sulla vendita di NFT, su come ottenere profitti e sui consigli e le strategie essenziali per un inizio a prova di fallimento nell'universo degli NFT, consultate il nostro altro libro.

Unisciti all'esclusivo Circolo Editoriale Stellar Moon e avrai accesso immediato a **12 consigli estremamente preziosi sulla criptovaluta**!

Inoltre, otterrete l'accesso immediato alla nostra mailing list con gli aggiornamenti dei nostri esperti ogni settimana!

Iscrivetevi qui oggi:

19

WEB 3.0

Internet: da molto tempo fa parte della nostra vita quotidiana. Nel corso degli anni, tuttavia, Internet ha subito molti sviluppi. Mentre prima potevamo solo leggere del testo, ora il web è diventato molto interattivo.

Sembra che ci troviamo sull'orlo di un altro drastico cambiamento nel web. In effetti, si parla molto del passaggio dal Web2.0 al Web3.0. Ma cos'è esattamente il Web3.0 e come funziona?

La storia del Web
Per capire bene che cos'è il Web3.0 in un attimo, è bene guardare prima alla storia del Web. Prima del Web3.0, c'erano il Web1.0 e il Web2.0. Quando si capisce esattamente cosa sono stati questi primi due Web, è molto più facile capire cosa sia esattamente il Web3.0 e perché potrebbe essere il futuro.

Che cos'è il Web1.0?
Quindi, prima di tutto, guardiamo all'inizio del Web: Web1.0. Web1.0 è la prima forma di Web, i primi giorni di Internet. Il Web1.0 ha preso il suo nome solo nel Web2.0, ma questo non ha importanza per ora. Il Web1.0 è nato nel 1993, quando il World Wide Web è stato aperto a tutti, ed è terminato nel 1998, quando è nato il Web2.0.

Il Web1.0 consisteva in semplici siti web. Pensate a una pagina web in cui non si poteva fare nulla, ma solo leggere delle informazioni. Non era interattivo, ma c'erano molti contenuti disponibili. In pratica si trattava di libri, ma elaborati sul web.

A questo punto, il web rappresentava ben poco, ma era un modo per mettere a disposizione delle persone molte informazioni. Qui sono state gettate le basi di quello che sarebbe poi diventato il Web2.0 e ora il Web3.0.

La storia del Web
Per capire che cos'è il Web3.0, è bene guardare prima alla storia del Web. Prima del Web3.0, c'erano il Web1.0 e il Web2.0. Quando si capisce esattamente cosa sono stati questi primi due Web, è molto più facile capire cosa sia esattamente il Web3.0 e perché potrebbe essere il futuro.

Che cos'è il Web1.0?
Quindi, prima di tutto, guardiamo all'inizio del Web: Web1.0. Web1.0 è la prima forma di Web, i primi giorni di Internet. Il Web1.0 ha preso il suo nome solo nel Web2.0, ma questo non ha importanza per ora. Il Web1.0 è nato nel 1993, quando il World Wide Web è stato aperto a tutti, ed è terminato nel 1998, quando è nato il Web2.0.

Il Web1.0 consisteva in semplici siti web. Pensate a una pagina web in cui non si poteva fare nulla, ma solo leggere delle informazioni. Non era interattivo, ma c'erano molti contenuti disponibili. In pratica si trattava di libri, ma elaborati sul web.

A questo punto, il web rappresentava ben poco, ma era un modo per mettere a disposizione delle persone molte informazioni. Qui sono state gettate le fondamenta di quello che sarebbe poi diventato il Web2.0 e ora il Web3.0.

Che cos'è il Web2.0?
Nel 1998 si è passati al Web2.0. Durante il Web2.0, il web è stato sempre più utilizzato come strumento di comunicazione. Da questo momento in poi, gli utenti di Internet possono iniziare a contribuire al Web. Il web è diventato sempre più interattivo.

D'ora in poi non ci saranno più solo pagine web simili a enciclopedie, ma anche siti di social network, blog, siti web di video, ecc. Il Web2.0 è sostanzialmente il modo in cui conosciamo Internet oggi. È possibile fare praticamente tutto ciò che si può immaginare.

Potete anche aggiungere voi stessi qualcosa a Internet, ad esempio creando un vostro sito web o postando un commento su una pagina, ma non siete voi il capo. I grandi player come Google, Facebook e Amazon determinano ancora ciò che accade, ad esempio attraverso gli algoritmi, ma anche semplicemente per la loro influenza.

Che cos'è il Web3.0?

Quest'ultimo aspetto cambierà con il Web3.0. Nel Web3.0, tutti noi diventiamo effettivamente i padroni del web. L'Opensource è una parte importante del Web3.0, chiunque può aggiungere qualcosa al web nel Web3.0.

Inoltre, tutti i dati saranno collegati in modo decentralizzato. Questo è forse il più grande cambiamento rispetto al Web2.0. Mentre prima i dati erano nelle mani di alcuni grandi attori (centrali), nel Web3.0 vengono archiviati in modo decentralizzato.

La possibilità che le criptovalute e la blockchain contribuiscano al Web3.0 è molto alta. Anche la blockchain è decentralizzata ed è un libro mastro in cui possono essere memorizzati i dati. Si adatta esattamente al Web3.0, si potrebbe dire.

Anche i contratti intelligenti possono contribuire enormemente al Web3.0. I contratti intelligenti sono contratti completamente digitali, costituiti da codice informatico. I contratti intelligenti possono garantire l'esecuzione di determinati compiti in modo automatico e sicuro, senza la necessità di un intermediario.

Nel Web3.0, il web gestirebbe i dati in modo più intelligente e sarebbe in grado di elaborarli in modo decentralizzato e automatico. Tutti contribuirebbero al web e non ci sarebbero più delle vere e proprie superpotenze a controllare il web.

Vantaggi e svantaggi del Web3.0
Come ogni cosa, anche il Web3.0 presenta vantaggi e
svantaggi. Cominciamo ora a esaminare questi vantaggi
e svantaggi.

I vantaggi
Per prima cosa, analizzeremo i vantaggi. Il primo
vantaggio, ovviamente, è la connessione di tutti i dati.
Internet diventa una sorta di grande rete, per così dire,
in cui tutti i dati sono archiviati in modo decentralizzato.

Un altro vantaggio è che il layout appare spesso bello,
ma semplice. La navigazione sul web sarà anche molto
più produttiva e ci sarà una maggiore collaborazione tra
gli utenti, ad esempio attraverso l'open source.

Inoltre, lavorare via Internet sarà più efficace e più
facile perché più personalizzato. Siete voi a decidere ciò
che vedete, e questo non è più determinato da
superpotenze come Facebook o Google.

Questo è un altro aspetto che molti considerano un
vantaggio. È decentralizzato e i grandi operatori non
controllano più la vostra attività su Internet. Se questo
sia un vantaggio dipende ovviamente da voi.

Questi sono i principali vantaggi del Web3.0, ma
quando il Web3.0 sarà più diffuso, potremo dire quali
sono i principali vantaggi della nuova forma di Internet.

Gli svantaggi

Naturalmente, il Web3.0 presenta anche alcuni svantaggi. I dispositivi più vecchi probabilmente non beneficeranno del Web3.0. Questi dispositivi sono troppo vecchi e potrebbero non essere in grado di connettersi alla rete.

Inoltre, i siti web risalenti al periodo Web1.0 inizieranno a sembrare molto obsoleti. Di conseguenza, probabilmente non verranno più utilizzati e saranno "sepolti" da qualche parte nel web.

Inoltre, il Web3.0 sarà probabilmente molto difficile da capire all'inizio per i neofiti. Ad esempio, per chi ha già utilizzato vari protocolli blockchain non sarà così difficile, ma chi non ha alcuna esperienza in materia avrà bisogno di una guida all'inizio.

Un altro svantaggio è che sarà potenzialmente facile trovare informazioni su altri utenti. Poiché tutto è memorizzato in una grande rete di informazioni ed è pubblico, è possibile trovare molte informazioni su altri utenti.

Il fatto che non ci sia più una superpotenza a controllare ciò che accade può anche essere visto come uno svantaggio. Anche se naturalmente non è ideale dover guardare una pubblicità ogni 3 post su Facebook, ad esempio, Facebook si assicura che tutto sia sulla buona strada. Si assicura che i post siano controllati e che tutto rimanga sicuro. Rimuove i truffatori dalla piattaforma e vi protegge da ciò che non vorreste vedere. Tutto questo non sarà più possibile una volta che il Web3.0 sarà stato adottato completamente. Non ci sono più superpotenze che controllano tutto e quindi, ad esempio, potreste essere più facilmente esposti a truffatori o ad altri soggetti con cui non volete avere a che fare.

Esempi di Web3.0
Naturalmente, si può avere una buona idea di ciò che può essere il Web3.0 solo quando si hanno esempi concreti di Web3.0. Il confronto migliore è quello con le dApp, come le conosciamo già.

dApp è l'acronimo di applicazione decentralizzata. Le dApp possono essere viste come il software della blockchain.

I software che utilizziamo attualmente, come Microsoft Word, Google e GTA V, sono decentralizzati. Gli utenti non possono solo vedere come funziona e non possono collaborare.

Con le dApp, come abbiamo spiegato prima a proposito del Web3.0, questo è possibile perché è open source. Ciò significa che il codice del software è pubblico e chiunque può accedervi, copiarlo e utilizzarlo.

Esempi di dApp in questo momento sono le DEX (borse decentralizzate). Una borsa decentralizzata è una borsa su cui nessuno ha il controllo, a differenza delle borse centralizzate. La liquidità è fornita dagli utenti e l'intera borsa può esistere grazie agli sforzi degli utenti.

Un esempio concreto di dApp è, ad esempio, Augur. Augur è una dApp sulla rete Ethereum e può essere paragonata a Unibet. È possibile utilizzare Augur per scommettere sull'esito di determinati eventi. Pensate ad esempio agli eventi sportivi, come i combattimenti di MMA o le partite di baseball della MLB, ma anche all'esito del mercato delle criptovalute. Ad esempio, si può scommettere sul fatto che il prezzo di una particolare criptovaluta superi un determinato obiettivo in una certa data. Augur è quindi completamente decentralizzato e open source.

Un altro esempio concreto di dApp è Everipedia. Everipedia è una dApp sulla rete blockchain ed è possibile paragonare Everipedia a Wikipedia. Everipedia contiene informazioni e notizie su tutto ciò che riguarda la blockchain. Chiunque può aggiungere articoli a Everipedia ed è completamente decentralizzata. Quindi, ad esempio, nessuno decide cosa è o non è permesso sulla piattaforma, perché nessuno ha potere sulla piattaforma.

Investire nel Web3.0
Forse leggendo questo blog avete pensato: come posso investire nel Web3.0? Non è affatto una domanda assurda, visto che negli ultimi mesi la popolarità del Web3.0 è aumentata a dismisura. Il modo più ovvio per investire nel Web3.0 sarebbe quello di investire in

protocolli Web3.0, come una delle dApp precedentemente menzionate.

Ad esempio, si può investire nel token di una DEX. Pensate al token di Uniswap, UNI, o al token di PancakeSwap, CAKE. Quando si investe nel token di una DEX, in pratica si investe nel successo di una DEX. Infatti, spesso il token funge da token di governance, ad esempio. Ciò significa che i proprietari del token possono votare sul futuro della piattaforma. Quindi, più persone utilizzano la piattaforma, più persone vorranno partecipare al processo decisionale, più persone acquisteranno la moneta e questo farà salire il prezzo.

Un altro esempio concreto di investimento nel Web3.0 è, ad esempio, Filecoin. Filecoin è un protocollo decentralizzato che permette a chiunque di "prestare" spazio di archiviazione sul proprio computer. Allo stesso modo, chiunque può "comprare" spazio sulla rete. In realtà è simile a Google Cloud o ad Amazon Web Services come li conosciamo oggi, solo che lo spazio viene prestato dagli utenti stessi, anziché dalle superpotenze, in questo caso Google e Amazon.

In questo modo, esiste un progetto Web3.0 per quasi tutto ciò che vediamo attualmente su Internet. Con una piccola ricerca, spesso è possibile trovare un progetto Web3.0 che offre una soluzione per un determinato problema e si può investire in esso.

Il Web3.0 potrebbe essere la nuova Internet. Sembra sempre più che dopo il Web1.0 e il Web2.0 ci stiamo dirigendo verso il Web3.0.

Il Web3.0 è una nuova forma di Internet, in cui il potere non è più nelle mani di poche superpotenze. Non solo il potere non è più nelle mani di poche superpotenze, ma tutti coloro che lo utilizzano vi contribuiscono allo stesso tempo. Inoltre, è perfettamente sintonizzato perché ognuno lo vuole per sé.

Sembra l'ideale, naturalmente! Tuttavia, ci sono ovviamente sia vantaggi che svantaggi. Ad esempio, si può considerare un vantaggio, ma anche uno svantaggio, il fatto che non ci siano più superpotenze nel gioco e che tutto sia decentralizzato.

Sebbene non sia più determinato per voi ciò che potete vedere, non è nemmeno più controllato ciò che potete vedere. Così, ad esempio, si può essere più facilmente esposti ai truffatori.

C'è sicuramente la possibilità che il Web3.0 si diffonda ovunque nel giro di pochi anni e quindi si potrebbe investire in questo settore. Tuttavia, nulla di ciò che avete letto in questo blog è una consulenza finanziaria, quindi dovreste sempre fare le vostre ricerche e investire solo in base alle vostre scoperte.

La tabella di marcia di Ethereum

Ethereum è nota come la prima piattaforma di contratti intelligenti, rilasciata nel 2015 e da allora preferita da sviluppatori, utenti e investitori. Nonostante l'interesse per Ethereum sia molto alto da anni e la tecnologia sia ampiamente utilizzata, la piattaforma è tutt'altro che finita.

Vitalik Buterin, fondatore e CEO di Ethereum, ha indicato durante l'evento EthCC che Ethereum è attualmente completato solo al 40%. La strada da percorrere è quindi ancora lunga. Durante lo stesso evento, l'amministratore delegato ha discusso i passi ancora da compiere per completare il progetto, creando una sorta di "tabella di marcia di Ethereum".

La roadmap è composta da un totale di cinque parti. In questo capitolo potrete scoprire come si presenta la roadmap di Ethereum e cosa significa per gli investitori, gli sviluppatori e gli utenti della blockchain Ethereum.

La blockchain Ethereum
Se il Bitcoin è visto come l'appendiabiti del mercato delle criptovalute, dove tutte le altcoin agiscono come cappotti, si potrebbe sostenere che Ethereum abbia un ruolo simile. La blockchain di Ethereum è vista come l'appendiabiti di un nuovo tipo di internet.

Ethereum è la base sia per le applicazioni decentralizzate (dApp) che per gli smart contract, che

possono essere creati sulla blockchain di Ethereum.
Grazie alla tecnologia blockchain, lo sviluppo o la
creazione di queste applicazioni è molto più sicuro e
trasparente, anche perché il progetto di Vitalik Buterin è
un protocollo blockchain open-source.

Se volete creare la vostra dApp o smart contract sulla
rete di Ethereum, dovrete comprendere le necessità
della programmazione. Per programmare su Ethereum,
dovrete scoprire il linguaggio di programmazione di
Ethereum. Questo linguaggio di programmazione si
chiama Solidity ed è indicato come un modo semplice
per creare dApp o smart contract.

Attualmente (luglio 2022), Ethereum utilizza ancora il
sistema Proof-of-Work (PoW), in cui i computer
vengono impiegati per mantenere la rete sicura. Per
questo sforzo, i minatori vengono ricompensati sotto
forma di ETH, la moneta di Ethereum.

L'obiettivo di Ethereum è di passare al sistema Proof-of-
Stake (PoS) entro il 2022, in cui i computer non hanno
più bisogno di minare. Questo metodo è considerato
un'alternativa sostenibile e migliore per l'ambiente.

Vitalik Buterin

L'uomo importante di Ethereum è Vitalik Buterin. È il
fondatore e CEO di Ethereum e ha visto l'enorme
potenziale del suo progetto anni fa. Tuttavia, un fatto
degno di nota è che in passato ha reso noto che la
blockchain di Ethereum non teneva conto degli NFT.

Chissà, in futuro potremmo trovarci di fronte a momenti simili, in cui emerge un mercato completamente nuovo e la tabella di marcia di Ethereum si rivela non del tutto conclusa. Per ora, l'attenzione si concentra su cinque diversi componenti, che Buterin ha annunciato durante l'EthCC.

EthCC è l'acronimo di Ethereum Community Conference e si è tenuta in Francia. Qui Buterin ha parlato della roadmap e dei diversi nomi che ha dato ai componenti. Tutti i nomi sono simili e fanno rima tra loro. Quindi può essere difficile ricordare tutti i nomi in ordine.

La fusione
Buterin ha indicato che il protocollo Ethereum è stato completato solo al 40%, ma che The Merge porterà al 55%. Quando The Merge sarà completato, il CEO ritiene che il progetto sarà più avanzato del 15%. Quindi The Merge sta avendo un impatto notevole su Ethereum, ma di cosa si tratta esattamente?

Il Merge è una fusione tra la Beacon Chain e la blockchain tradizionale di Ethereum, ovvero la mainnet di Ethereum. Questa fusione è uno sviluppo importante per la comunità di Ethereum, che ha lavorato per anni a questa mossa. Se la fusione fallisce, anni di denaro e di sviluppo andranno sprecati.

La fusione della mainnet e della Beacon Chain significa anche che Ethereum sta passando alla Proof-of-Stake

(PoS). Un momento unico, mai visto prima nel mondo delle criptovalute.

Il mio collega Matt ha scritto in precedenza un blog su The Merge, che potete consultare a questo link. Qui Matt approfondisce la questione di The Merge e le implicazioni di questo sviluppo.

L'ondata
Oltre agli elevati costi di transazione, la scalabilità è uno dei problemi principali di Ethereum. Molti investitori e utenti stanno passando ad altre piattaforme blockchain, perché sono meno afflitte da questi problemi. Tuttavia, con The Surge, questa situazione potrebbe cambiare in futuro.

Durante The Surge, la seconda parte della roadmap di Ethereum, verrà aggiunto lo sharding. Sharding significa che la rete sarà divisa in più parti, il che consentirà una migliore gestione della rete. Una conseguenza di The Surge è che i rollup diventeranno molto più economici. Inoltre, i nodi saranno più facili da gestire.

The Verge
Quando gli sviluppi del protocollo Ethereum sono a metà strada, il protocollo si trova nella sezione The Verge. In questa fase, l'attenzione si concentra sui nodi e sui validatori. Questi aspetti sono una parte importante della tecnologia blockchain.

L'aggiustamento che viene effettuato da The Verge è chiamato da Buterin "Verkle Trees". In questo modo, la dimensione del nodo diventa più piccola ed Ethereum diventa più scalabile. In questo modo, diventa possibile diventare un validatore della rete, senza dover memorizzare grandi quantità di dati.

Ethereum è visto come una piattaforma centralizzata, ma con The Verge le cose cambieranno. Lo stesso Buterin definisce questa mossa un buon passo avanti per la decentralizzazione del protocollo Ethereum.

Spesso i progetti con piani decentrati iniziano come progetti centralizzati. Quando il progetto cresce e la decentralizzazione diventa più fattibile, viene implementata. La decentralizzazione è stata uno dei punti focali fin dall'inizio delle criptovalute, che Ethereum non ha ancora perso di vista.

L'epurazione

Con la quarta parte dei piani futuri di Ethereum, la fine sembra avvicinarsi lentamente. Questa componente è chiamata "The Purge". Si tratta di affrontare la storia della rete sulla piattaforma. Nel corso del processo, verranno eliminati i vecchi dati, il che dovrebbe migliorare il funzionamento del protocollo.

Buterin ha affermato che, grazie a The Purge, il protocollo viene semplificato non richiedendo ai nodi di memorizzare la cronologia. Di conseguenza, i nodi hanno più spazio libero sul disco rigido perché il protocollo chiede semplicemente meno spazio al disco rigido.

Lo Splendore

La quinta e ultima parte della roadmap di Ethereum si chiama "The Splurge". Quando il team arriva a questa fase, la maggior parte del lavoro è già stata svolta e le tappe principali sono state raggiunte. Ora è il momento del lavoro, che Buterin chiama "roba divertente".

Questa parte dei piani prevede vari piccoli aggiornamenti e la manutenzione. Questi aggiornamenti e la manutenzione permetteranno alla piattaforma di contratti intelligenti di Ethereum di rimanere in funzione e di completare la tabella di marcia.

Costruire i fondi pensione

Stiamo attraversando tempi difficili e non solo dal punto di vista finanziario. Cambiamento climatico, crisi dei rifugiati, guerra, inflazione alle stelle e crisi sanitaria globale. Molti problemi di cui potete preoccuparvi, ma con la vostra piccola influenza.

Ma la vostra posizione finanziaria può certamente cambiare. In questo capitolo vi illustrerò tre modi per aumentare la vostra pensione, in modo da godervi davvero la vecchiaia.

Mettere da parte i soldi per una pensione spensierata
Tutti conosciamo le pensioni, perché chi non risparmia per una vecchiaia rilassata? Nei Paesi Bassi tutti riceviamo l'AOW, che copre ampiamente le spese di base. Se volete godervi la vita un po' di più, come mangiare fuori, andare in vacanza e comprare gli ultimi gadget di tanto in tanto, la pensione di vecchiaia da sola non basta. Di certo non in una società sempre più costosa! Ma come si può creare un cuscinetto, in modo da assicurarsi almeno un'ultima fase di vita piacevole?

Potete farlo attraverso un risparmio pensionistico complementare. Aumentando il vostro limite di spesa futuro, potete già beneficiare di vantaggi fiscali. Le modalità di cui parleremo sono tre: l'investimento, il risparmio e il risparmio bancario.

1. Il risparmio

Un tempo il risparmio era la norma. Ogni mese si accantonava una parte del reddito, in modo da avere riserve sufficienti per le vacanze o per la rottura della lavatrice. Una volta si costruiva semplicemente una pensione presso il datore di lavoro, che era il gold standard. Al giorno d'oggi, questo non è più così evidente e ci sono così tante varianti del contratto di lavoro che ci sono più persone senza assicurazione pensionistica che con l'assicurazione pensionistica.

Il risparmio è un modo per costruire una ricchezza aggiuntiva, ma poi non si dovrebbero avere troppe battute d'arresto. Un tasso di risparmio negativo e un'inflazione alle stelle, come quella attuale, sono come una goccia nel mare. Quali sono i vantaggi e gli svantaggi di questo metodo di risparmio previdenziale aggiuntivo?

Vantaggi
- Il denaro è semplicemente sul vostro conto di risparmio e potete ritirarlo in qualsiasi momento;
- Al giorno d'oggi è possibile risparmiare automaticamente in banca, il che rende facile accumulare ricchezza in modo inosservato.

Svantaggi
- Pagate già un'imposta sul patrimonio superiore a 50.650 euro (2022);
- Con gli attuali tassi d'interesse, si va indietro invece di andare avanti;

- Un basso rendimento nel lungo periodo, quindi una cattiva notizia per la vostra pensione;
- L'inflazione alle stelle non è un buon effetto collaterale.

2. Risparmio bancario

Anche il risparmio bancario era un tempo più normale di adesso, in quanto viene chiamato anche conto di risparmio per rendite. Se, come me, siete dei millennial, non avrete molta familiarità con questo strumento. Non solo questa forma di risparmio è un po' obsoleta in termini di utilizzo, ma non è più così redditizia. Date un'occhiata!

Vantaggi

- Costruite il vostro patrimonio lentamente, fino alla pensione;
- Sapete già quanto vi verrà pagato mensilmente in seguito;
- Non pagate le tasse ora, ma le pagherete al momento del versamento.

Svantaggi

- Non c'è la possibilità di andare in pensione anticipata e godere di questo cuscinetto;
- Un modo complesso di risparmiare, a causa delle norme fiscali;
- Comporta l'intervento di un intermediario, quindi è anche una proposta costosa.

3. Investire per la pensione

Investire per la pensione è ovviamente l'opzione più interessante. È possibile investire in tutti i tipi di attività, in modo da poter investire nel proprio futuro con un portafoglio diversificato. Naturalmente, questa non è una consulenza finanziaria, perché dovreste sempre fare le vostre ricerche! Non fidatevi ciecamente delle opinioni altrui e non seguite nemmeno l'istinto di nessuno, perché si tratta dei vostri soldi! Detto questo, voglio dare un'occhiata più da vicino agli investimenti per la pensione.

Scegli di investire in azioni, immobili, obbligazioni, NFT, criptovalute e fondi comuni di investimento. Se depositate un importo mensile in Bitcoin (BTC), se acquistate regolarmente azioni tramite Etorro, se investite in oro o se aggiungete semplicemente gli ETF di BitPanda: la scelta è vostra!

Attenzione: l'investimento previdenziale è una forma ufficiale di risparmio previdenziale, in cui le opzioni sono limitate. Ad esempio, è possibile depositare attraverso alcuni piani di risparmio pensionistico, ma non è possibile vendere prima e farsi pagare i profitti. Quando si investe senza un protocollo ufficiale, questo è ovviamente possibile.

Vantaggi
Un rendimento relativamente elevato nel lungo periodo;

- Pagare un'imposta minima con la dichiarazione dei redditi annuale;

- Sperimentate i vantaggi fiscali;
- Aggiungete la diversità al vostro portafoglio, in modo da ampliare le opportunità.
- Svantaggi
- Nessuna garanzia, come per le altre forme di previdenza complementare;
- Vendere in anticipo e prelevare il denaro è possibile con gli investimenti, ma non con gli investimenti previdenziali;
- Pagare l'imposta sulle plusvalenze oltre i 50.650 euro;
- Le leggi e le normative cambiano spesso, quindi è necessario tenere sotto controllo questo aspetto.

Quanto denaro dovreste avere per la vostra pensione?
Se non ci avete mai pensato prima, questo è un buon primo passo. Ora sapete quali sono le opzioni per costruirvi una pensione, ma come ci arrivate? Circa il 70% del vostro ultimo reddito da lavoro è considerato una buona pensione. È possibile vedere quanto si prevede di ricevere attraverso la piattaforma del governo e attraverso i fornitori di pensione, ma si tratta solo della pensione maturata attraverso i percorsi pensionistici ufficiali. Non sono compresi gli investimenti e i conti di risparmio.

Diciamo che avete trent'anni e improvvisamente pensate: al diavolo, devo fare qualcosa per dopo! Se siete single e avete un reddito mensile lordo di circa 2.250 euro, ipotizzate (al 70%) un importo obiettivo di

1.575 euro al mese. Questo è l'importo di cui avrete bisogno in seguito per vivere comodamente. Le fasi per passare da oggi a una vecchiaia serena sono due e sono le seguenti:

Qual è il vostro obiettivo?
Quanto tempo vi rimane per lavorare in tal senso?
Se avete 30 anni, significa che vi restano circa 35 anni per lavorare alla pensione. Il vostro conto di risparmio potrebbe essere un po' vuoto e abbandonato in questo momento, quindi avete una base reale e dovreste iniziare con niente. Non c'è un deposito unico e si inizia a lavorare sul proprio futuro su base mensile. Se si ipotizza che l'assegno pensionistico statale sia di circa 1.250 euro al mese, un po' di conti dimostrano che per ogni dieci anni dopo il raggiungimento dell'età pensionabile saranno necessari circa 39.000 euro. A seconda dell'età che si può raggiungere, questo importo aumenta. Se vivrete fino a 97 anni, dovrete raccogliere fino a 117.000 euro.

Se iniziasse subito a 30 anni, le basterebbero 263,51 euro al mese.
È abbastanza fattibile, non è vero?

Avete bisogno di un reddito più alto prima di iniziare a risparmiare per il futuro? Allora leggete questo capitolo su come guadagnare un reddito passivo con le criptovalute, tra le altre cose. Ricordate, tuttavia, di costruire il vostro patrimonio consultando un esperto di finanza o di approfondire la questione da soli. Nel

nostro Paese, il sistema fiscale non è sempre in linea
con le nostre ambizioni e i nostri desideri!

E se si vuole andare in pensione prima?
Personalmente, posso immaginare che lei desideri
andare in pensione prima. Quanto più capitale si
accumula, tanto prima si potrà andare in pensione
completamente o magari lavorare meno. Che ne dice di
una pensione provvisoria, l'antico anno sabbatico, ci ha
mai pensato? Un anno sabbatico offre nuove avventure
nella vostra vita, o riposo, proprio quello di cui avete
bisogno. Avete il tempo e lo spazio per fare ciò che vi
stimola, ma poi dovete creare lo spazio finanziario
necessario per farlo.

Che cos'è un anno sabbatico?
Un anno sabbatico è una pausa dal lavoro. Un momento
per vivere la propria vita senza i vincoli della
quotidianità. Naturalmente potete partire con lo zaino
in spalla, fare un viaggio lontano o semplicemente
accamparvi nel vostro giardino. Qualunque cosa vi
renda felici, dovete pensare a quanto tempo volete
prendervi questa pausa. Andrete per qualche mese? Sei
mesi o un anno? Più a lungo? A seconda della durata e
di ciò che farete nel frattempo, potete stimare il costo.

Quanto costa un anno sabbatico?
È ovvio che 12 mesi di viaggio intorno al mondo saranno
più costosi di sei mesi nel proprio giardino a godersi il
canto degli uccelli. Una volta ho fatto un calcolo per
Peaks che mostrava che un viaggio di sei mesi nel Sud-

Est asiatico per due persone sarebbe costato 4.750 euro al mese. Per sei mesi ciò significa quasi 30.000 euro, ma sono inclusi i voli interni, le visite a molti ristoranti e le gite esclusive, quindi si può anche fare molto meno. Per la stessa cifra, potete anche scegliere di fare 12 mesi di vacanza nel vostro ambiente di origine, quindi dipende solo da cosa preferite.

In questo capitolo abbiamo parlato di pensione e di pensione intermedia, nota anche come anno sabbatico. Abbiamo esaminato tre modi per integrare la pensione, modi che sono anche fiscalmente possibili nel nostro Paese. Ci sono molti aspetti da tenere in considerazione, per questo abbiamo illustrato i vantaggi e gli svantaggi delle tre forme: risparmio, investimento previdenziale e risparmio bancario.

Ho mostrato un esempio di calcolo per la vostra vecchiaia, in modo che possiate preparare questo quadro anche per voi stessi. Tenete presente che questa non è una consulenza finanziaria e informatevi sempre da qualcuno che ne capisca di finanza e tasse. Ogni situazione è unica, quindi anche la vostra vita e la vostra situazione finanziaria richiedono un approccio personalizzato. Iniziate determinando la vostra visione del futuro. Di quanto denaro avete bisogno per allora e quanti anni vi restano per raggiungere questo obiettivo? Naturalmente, potrebbe anche darsi che vogliate andare in pensione a 50 anni, nel qual caso dovrete modificare un po' il calcolo.

Investire in orologi

Il denaro in un calzino sotto il materasso, l'investimento immobiliare o il recupero delle carte dei Pokemon dalla soffitta. Facciamo tutto il possibile per massimizzare i nostri rendimenti. In tempi di forte inflazione, è il momento di agire e ci troviamo di fronte al fatto che il nostro denaro vale sempre meno. Ecco perché sempre più persone trovano rifugio negli investimenti. Non solo in criptovalute o azioni, ma anche in beni di lusso come gli orologi.

Proteggere il proprio patrimonio da un calo del potere d'acquisto
Nel 2022 i generi alimentari sono diventati più cari, l'acquisto di una casa è diventato sempre più difficile, e la benzina? È già un salasso per le nostre risorse. Ma in tempi di calo del potere d'acquisto, quando il denaro vale sempre meno, sempre più persone ricorrono a forme di investimento diverse. Ad esempio, si può investire in ETF come il famoso S&P500, ma sempre più spesso si vedono persone che acquistano beni di lusso per proteggere il proprio potere d'acquisto. Non si tratta solo di acquistare quella borsa di Chanel in edizione limitata da mostrare agli amici, ma di conservarla come un vero e proprio patrimonio. Sono comunque un'alternativa migliore perché mantengono il loro valore, a differenza delle valute fiat come il dollaro e l'euro.

Investire in prodotti di lusso: saggio?

Se osserviamo il prezzo delle azioni della società francese Louis Vuitton Moët Hennessy, il più grande conglomerato di prodotti di lusso al mondo, notiamo che il prezzo è aumentato notevolmente negli ultimi anni. Se alla fine di dicembre 2018 il prezzo era di 41 euro, al momento in cui scriviamo il prezzo attuale è di 635 euro.

Si noti che non tutti i beni di lusso mantengono il loro valore, o addirittura lo aumentano. Ad esempio, ci sono molti prodotti che perdono valore in modo significativo nelle prime settimane o nei primi mesi. Si pensi alle costose auto esclusive. Quando fanno i primi chilometri, il loro valore diminuisce notevolmente. Volete investire in un prodotto che potrete - si spera - vendere in seguito con un profitto? Allora un'auto non è la scelta migliore.

Gli orologi come investimento

I ricchi di questo mondo li hanno tutti nella loro collezione: orologi che valgono una splendida villa o un'auto costosissima. È solo per farsi vedere, come parte della loro immagine, o questi "ricchi e famosi" sono investitori intelligenti? Scoprite qui 5 marchi che hanno il miglior record di mantenimento del loro valore, o che addirittura lo hanno aumentato:

Rolex

Dagli uomini d'affari internazionali alla rapper Holland, sembra che tutti parlino di Rolex, l'orologio svizzero. Quando si pensa a orologi unici e costosi, Rolex è invariabilmente il numero uno. Per anni ha dominato le classifiche dei migliori investimenti in fatto di orologi. Non solo i prezzi sono aumentati del 3,4% all'inizio del 2022, ma la domanda di questi scarsi orologi di lusso è sempre in aumento.

Rolex ha dichiarato in precedenza di non avere intenzione di aumentare la propria capacità produttiva. Ciò significa che la carenza di offerta continuerà a crescere. Il risultato? Il prezzo di questo orologio di lusso continuerà a salire, quando la domanda aumenterà ma l'offerta rimarrà invariata.

Rolex Daytona 18 carati
Una di queste gemme è il Rolex Daytona 18 carati con quadrante verde in oro giallo 116508. Non solo una vera e propria delizia per gli occhi, ma sicuramente un investimento redditizio. Il prezzo di questo orologio di lusso è aumentato notevolmente nel corso degli anni:

- 2018 agosto: 27.000 euro
- 2019 luglio: 38.500 euro
- 2020 Agosto: 42 200 €
- 2021 settembre: 70 600 euro
- 2022 marzo: 121 800 euro

Patek Philippe
Il marchio svizzero di orologi Patek Philippe non è nuovo ai veri appassionati. Da un'abbondanza di diamanti esagerata a un bracciale rifinito con una speciale pelle di alligatore. Si paga molto, ma si ottiene anche

qualcosa in cambio. Con oltre 140 modelli, un Patek Philippe può costare da 12.500 dollari a cifre astronomiche, anche milioni di dollari. Più raro è il modello, più alto è il prezzo. Fortunatamente, esistono anche modelli accessibili (leggi: più accessibili) al grande pubblico. Ad esempio, è già possibile acquistare un Patek Philippe a un prezzo compreso tra i 5.000 e i 10.000 dollari.

I 3 orologi più costosi Patek Philippe
Patek Philippe non è solo un marchio di orologi popolare, ma anche uno dei più costosi. Vediamo i 3 orologi più costosi del famoso marchio di orologi di lusso:

1. Patek Philippe Grandmaster Chime 6300

Questo gioiello è senza dubbio l'orologio più costoso al mondo. Non solo è considerato l'orologio più complesso realizzato fino ad oggi, ma questo esemplare contiene anche un allarme ed è inciso: "The Only One". Siete curiosi di sapere quanto costa questo esemplare? L'orologio è stato venduto per circa 31,19 milioni di dollari. Un affare, vero? Altre fonti come ManOfMany parlano addirittura di un valore di 72 milioni di dollari entro luglio 2020.

2. Patek Philippe Acciaio inossidabile

Ciò che rende speciale questo orologio è che si tratta del primo cronografo al mondo con calendario perpetuo. Ne sono stati prodotti in totale 281 modelli, ma solo 4 sono in acciaio inossidabile. Un altro grande esempio di come la scarsità possa determinare il valore di un prodotto di lusso. Il prezzo? Molto più economico del Grandmaster Chime, ma comunque vendibile per circa 11,4 milioni di dollari.

3.   Patek Philippe Gobbi Milano "Heures Universelles" 2523

Cosa rende un orologio unico ancora più unico? I materiali, naturalmente. In totale, sono stati realizzati solo 7 esemplari del Gobbi Milano con lancette in oro rosa e montatura blu. Secondo quanto riferito, alcuni di essi sono andati perduti nel corso degli anni, rendendo questo esemplare ancora più raro. Volete possedere proprio questo esemplare? Allora pagherete circa 9 milioni di dollari.

Cartier

Quando il prestigio è al primo posto, ci si rivolge subito alla Maison francese di gioielli Cartier. Il marchio è più spesso associato ai reali di tutto il mondo. Gli orologi di lusso Cartier mantengono il loro valore in funzione di diversi fattori.

Ad esempio, un Cartier d'epoca può aumentare di valore più di un modello più recente. Anche questo prezzo, come per altri marchi, dipende dalle tendenze. Sono state inoltre condotte ricerche per determinare

quali orologi abbiano il miglior potenziale sul mercato
secondario:

- Serbatoio Cartier
- Santos de Cartier
- Ballon de Cartier
- Pascià di Cartier
- Panthère de Cartier
- Calibro di Cartier

Audemars Piguet

Da oltre 100 anni, l'azienda svizzera Audemars Piguet è
uno dei leader quando si tratta di orologi esclusivi. Non
sorprende, quindi, che il mondo abbia rivolto lo sguardo
a questi esami come investimento. Ci sono
innumerevoli ragioni per cui gli appassionati sostengono
che Audemars Piguet sia il miglior investimento, ma se
guardiamo ai numeri, vediamo che il prezzo è
aumentato di ben il 18% nel 2021.

La rivista Forbes ha nominato Audemars Piguet
"marchio di orologi più rispettato" per ben 7 anni di fila,
dal 2011 al 2017. E c'è da dire che nientemeno che
Beyonce ne ha acquistati diversi esemplari per il marito
Jay-Z. Ma anche diverse star di Holywood sono fan:
Drake, Kim Kardashian e Kanye West.

Vi ispirate alle celebrità di cui sopra? Allora pagherete
una somma di denaro molto elevata. I prezzi variano da
3.500 a 25 milioni di dollari per pezzi unici.
Naturalmente, tutto dipende dall'edizione, dai materiali

utilizzati e dalle caratteristiche. Per questo è importante documentarsi, in modo da poter valutare se l'investimento vale la pena.

Vacheron Constantin
Non sorprende che anche Vacheron Constantin sia un marchio svizzero. Con la crescente e continua popolarità di Rolex, collezionisti e investitori sono alla ricerca di alternative. Nel frattempo, Vacheron Constantin sta guadagnando popolarità, anche grazie ai social media. Il marchio ha una collezione chiamata Overseas che viene apertamente elogiata. Questa collezione esiste dal 1996, ma è stata rinnovata nel 2016.

Il pezzo forte di questa collezione è il Tourbillon Overseas, di cui esistono solo 3 esemplari in questa composizione. Grazie alla sua scarsità, viene venduto a 108.000 sterline, pari a 128.000 euro.

Come si determina il valore di un orologio?
State mettendo da parte tutti i vostri risparmi per acquistare un orologio? Attenzione, nella realtà vediamo che non tutti gli orologi sono un buon investimento. Il prezzo di un prodotto di lusso è semplicemente determinato dalla correlazione tra domanda e offerta, come nell'economia classica. Se l'offerta è limitata, ma la domanda è molto alta, il prodotto aumenterà di valore. Vediamo che tutti questi orologi di lusso hanno un'edizione limitata, quindi c'è una grande richiesta da parte della classe ricca di tutto il

mondo. Siete entrati in possesso di un esemplare così bello? Allora potete venderlo, sperando che qualcuno sia disposto a pagare di più.

Quali sono i pericoli e i rischi dell'investimento in orologi?

Gli investimenti comportano sempre alcuni rischi, e lo stesso vale per gli orologi. Nonostante i prezzi di questi prodotti di lusso unici continuino a salire, è consigliabile fare una ricerca accurata anche in questo caso. Non ci sono garanzie.

Prodotti falsi

Non è solo Hollywood ad amare questi straordinari oggetti da esposizione, ma anche i criminali e i truffatori li vedono con altrettanto interesse. Osservano questi orologi di lusso con sospetto e con la massima finezza li fanno copiare, per venderli ai prezzi correnti. Soldi facili, no? Pertanto, rivolgetevi sempre a un rivenditore ufficiale e non fate mai affari con persone sconosciute. Dopo tutto, non stiamo parlando di pochi tenners.

Sicurezza

Avete intenzione di indossare il vostro orologio o di tenerlo solo come investimento? Purtroppo, sempre più persone vengono derubate, anche in pieno giorno, a causa dei loro orologi costosi. Senza pietà, i ladri farebbero di tutto per rubarvi quell'orologio costoso. Pertanto, assicuratevi sempre di conservare il vostro orologio in un luogo sicuro. Può trattarsi di una cassaforte a casa o anche di una cassaforte in banca. Se un orologio costoso perde il valore di una casa, ovviamente non c'è nessuno ad aspettarlo.

Gli investimenti possono essere effettuati in molti modi. Con l'avvento di Internet, non solo sono disponibili più informazioni, ma anche più opportunità di investimento. Dalle materie prime, all'oro, ma anche prodotti di lusso come borse firmate e orologi. In tempi di inflazione, dove il valore del nostro denaro diminuisce, gli investitori scelgono qualcosa che ha maggiori probabilità di mantenere il valore. E, nel migliore dei casi, che aumenti ancora di valore.

Questo investimento può essere sia a breve che a lungo termine. Considerate gli orologi unici che fanno parte di un'eredità e che vengono tramandati di generazione in generazione. Ma tenete presente che non tutti gli orologi sono un investimento. Pertanto, fate una ricerca adeguata su tutte le specifiche. Pensate a quante copie vengono prodotte, a quali materiali sono composti, all'immagine del marchio, ecc. Volete ancora fare l'investimento? Consultate sempre un rivenditore ufficiale o fatevi assistere da un esperto.

Lo S&P500

Per far sì che il vostro denaro lavori per voi, perché non farlo fin dall'inizio? Ma le opportunità e le forme di investimento comportano una certa dose di rischio. Di solito la regola è che maggiore è il rischio, maggiori sono i guadagni potenziali. Il rovescio della medaglia? Che le perdite potenziali sono almeno altrettanto grandi. Ecco perché molti investitori, sia principianti che esperti, optano per un fondo di investimento come lo S&P500. Scoprite in questo capitolo cos'è l'S&P500, come funziona e come potete iniziare voi stessi!

Che cos'è lo S&P500?
L'S&P 500 è un indice azionario che tiene conto delle 500 società quotate in borsa più performanti e più grandi d'America. S&P è l'acronimo di Standard & Poor, i nomi delle due società finanziarie fondatrici che hanno calcolato un indice in cui erano incluse le azioni di ben 500 società americane. È uno dei barometri del mercato azionario più conosciuti al mondo e viene utilizzato per valutare lo stato di salute dell'economia americana. Se analizziamo i dati all'inizio del 2022, vediamo che l'S&P500 ha avuto un rendimento medio del 13,9% negli ultimi 10 anni. In altre parole, lo scorso decennio è stato un periodo di crescita economica.

Come funziona lo S&P500?
L'intero S&P500 tiene conto della capitalizzazione di mercato delle società incluse in questo indice. Viene

presa una media ponderata di tutte le società del
settore, espressa in percentuale.

ETF
Un ETF è un fondo negoziato in borsa, meglio
conosciuto come index tracker. Si tratta di un "paniere
di azioni" che segue il prezzo di un particolare fondo. In
questo modo non si investe nelle singole società, ma si
sceglie di fare un investimento globale. Esistono diversi
tipi di ETF, ognuno con un proprio profilo di rischio.

Settori S&P500
L'S&P500 è attualmente composto da 11 settori diversi.
In ognuno di questi settori vi sono diverse società
statunitensi che soddisfano i requisiti per far parte dello
S&P500, di cui parleremo più avanti in questo blog. Lo
S&P500 è quindi suddiviso in 11 settori diversi, ovvero:

- Tecnologia dell'informazione
- Assistenza sanitaria
- Beni di consumo
- Servizi di comunicazione
- Dati finanziari
- Industriali
- Beni di consumo
- Immobili
- I materiali
- Energia
- Utilità

Osservando i dati relativi all'anno 2022, vediamo che il settore più dominante è quello dell'informatica, con una quota non inferiore al 27,1%. Segue la sanità. In questo modo, la pandemia COVID ha avuto un impatto positivo anche sul fatturato globale delle aziende sanitarie.

Condizioni dello S&P500

Per garantire che l'S&P500 sia rappresentativo dell'economia statunitense, ci sono numerosi prerequisiti prima che una società possa entrarvi. Questi sono:

L'azienda deve essere fisicamente ubicata negli Stati Uniti,

- La società deve avere una capitalizzazione di mercato di almeno 13,1 miliardi di dollari,
- Almeno il 50% di tutte le azioni della società deve essere disponibile al pubblico,
- Prezzo di almeno 1 dollaro per azione,
- Almeno il 50% delle entrate deve provenire da attività commerciali condotte negli Stati Uniti,
- La società deve avere almeno 4 trimestri consecutivi di utili positivi.

In particolare, ciò significa anche che le società incluse nell'S&P500 possono cambiare. Una determinata società ha un andamento negativo e non soddisfa più i criteri di cui sopra? Allora viene sostituita da un'altra società quotata. In questo modo si seguono sempre le 500 società più performanti dell'economia americana.

Le tre maggiori società dell'S&P500 all'inizio del 2022 erano:

* Apple Inc. (AAPL)
* Microsoft Corp. (MSFT)
* Amazon.com Inc. (AMZN)

Prezzo S&P500

Gli investitori utilizzano lo S&P500 come guida all'economia globale. Grazie alla sua ampia diversificazione in termini di società e settori, è in grado di fornire informazioni sullo stato attuale dell'economia statunitense. Si noti che si tratta in effetti solo dell'economia statunitense. Pertanto, può essere opportuno seguire anche i mercati esteri con economie emergenti, come l'India o la Cina.

Il grafico sottostante risale ai primi anni dell'S&P500 e inizia nel 1982. All'epoca, l'S&P500 era scambiato a 107 dollari. Con la crescita dell'economia e l'ingresso di diversi settori in questo fondo indicizzato, anche il prezzo è aumentato. Questo grafico è quindi una rappresentazione visiva non solo dell'economia statunitense, ma anche di quella globale. Possiamo quindi notare immediatamente che nel periodo intorno al 2008-2009 abbiamo vissuto anni difficili dal punto di vista economico. Non solo il prezzo delle azioni di alcune singole società è crollato, ma anche l'intero S&P500 ha subito un brusco calo, scendendo sotto i 700 dollari.

La pandemia COVID ha avuto un impatto diretto anche sulla nostra economia globale, e lo stiamo vedendo anche noi. E anche ora, in tempi di incertezza finanziaria e di aumento dell'inflazione, assistiamo a un rallentamento della crescita economica. La Federal Reserve (FED) e la Banca Centrale Europea (BCE) stanno aumentando i tassi d'interesse, rendendo nuovamente interessante il risparmio. Queste decisioni in campo macroeconomico hanno un impatto anche sulla crescita economica e quindi sul prezzo dell'S&P500.

Crypto come 12° settore?
Nei primi anni, questo tracker comprendeva solo 3 settori diversi. Nel corso degli anni si sono verificati sempre più sviluppi che hanno portato l'economia ad espandersi e a crescere. Si pensi all'avvento di Internet, alla tecnologia sempre più complessa e all'ulteriore espansione della digitalizzazione. Non sorprende quindi che le aziende di questo settore siano aumentate notevolmente di valore negli ultimi anni. Sarà così anche per le criptovalute?

Nel mondo delle criptovalute ci sono innumerevoli speculazioni, ma vediamo che personalità e aziende sempre più grandi stanno acquisendo una voce chiara quando si tratta della posizione delle criptovalute nell'economia globale. Cathie Wood, fondatrice di Ark Invest e icona di Wall Street, ha affermato in passato che il Bitcoin (BTC) potrebbe raggiungere il valore di un milione di dollari. Sarà effettivamente così? Il tempo ce lo dirà!

Ma nientemeno che l'imprenditore canadese Kevin O'Leary, meglio conosciuto come Mr. Wonderful di Shark Tank, ha fatto un'altra dichiarazione notevole all'inizio del 2022. Non solo il 20% del suo portafoglio personale di investimenti è costituito da criptovalute, ma è fermamente convinto che le criptovalute diventeranno il 12° settore dell'S&P500.

Come potrebbe essere? Uno scenario potenziale è che ci sarà un ETF che seguirà i 100 progetti più importanti per capitalizzazione di mercato, in cui si potrà investire in questo tracker. In questo modo, non si acquista criptovaluta fisicamente, ma si segue l'andamento dei prezzi di questi 100 progetti principali. Se questo accadrà e, se sì, quando, lo dirà il futuro.

Investire nello S&P500
Volete investire nello S&P500, ma non avete idea di quali siano i rischi? È sempre importante sapere che gli investimenti comportano sempre alcuni rischi. Ad esempio, ci sono numerosi vantaggi, ma certamente anche svantaggi. Anche con questo popolare S&P500.

Vantaggi
Il principale vantaggio di investire nello S&P500 è che si tratta di un indice molto diversificato. Poiché l'indice prende in considerazione la performance di ben 500 società, in particolare le più performanti e quotate degli Stati Uniti, il rischio è minore rispetto a quello che si correrebbe investendo singolarmente in azioni. Ma con

un rischio minore, si hanno anche minori guadagni potenziali. Ma se guardiamo agli anni passati, vediamo ancora un bel rendimento!

Altri vantaggi sono:

- L'S&P500 contiene solo le maggiori azioni statunitensi.
- Non tiene conto dell'economia europea o della crescita economica in Asia.
- L'S&P500 è un indice ben noto e in genere registra buone performance. Solo in periodi di recessione e di incertezza finanziaria, le sue performance sono inferiori.
- È richiesta una conoscenza minima dei mercati finanziari,
- È possibile investire nello S&P500 in tutto il mondo.

Lo S&P500 deve la sua popolarità al fatto che gli investitori possono investire con conoscenze piuttosto limitate. Quando si vuole investire in determinate azioni, bisogna fare molte ricerche: si pensi alla consultazione dei dati trimestrali, ai piani futuri, alle partnership, allo stato di salute dell'azienda, ecc. Le società che fanno parte dello S&P500 soddisfano già queste condizioni. In questo modo, la barriera all'ingresso è più bassa per molti investitori. Nota: questa non è una consulenza finanziaria e ricordate che investire comporta sempre un rischio.

Svantaggi

Non è tutto rose e fiori: investire nello S&P500 presenta anche una serie di svantaggi.

Quando investite in un indice azionario o in un ETF e seguite diverse società, ottenete un profitto medio da queste società. Se decidete di investire in azioni di una particolare società, che in particolare sovraperformano il mercato, i vostri profitti saranno significativamente più elevati. Ma naturalmente questo comporta anche un certo profilo di rischio.

Altri svantaggi sono:

Solo azioni statunitensi, nessuna diversificazione globale,
Tenere conto dei costi del tasso di cambio.
Non solo si specula sul valore di una particolare azione o ETF, ma l'investimento viene effettuato anche in una valuta diversa. Come le azioni, anche il prezzo del dollaro o dell'euro fluttua. Può rafforzarsi o indebolirsi. La speculazione su questi cambiamenti è meglio conosciuta come forex trading.

Costi di trading

Inoltre, tenete sempre conto di alcuni costi di trading. Questi sono un indicatore importante per determinare da soli quando si ha un profitto sufficiente per vendere. Ad esempio, se volete investire 1.000 euro in una determinata azione, dovrete pagare un costo di negoziazione del 5%. Ciò significa che il vostro

investimento dovrà avere un incremento di almeno il
5% per tornare in pareggio. Solo dopo questo aumento,
inizierete a ottenere profitti. Questo dato è importante
da tenere a mente perché può influenzare le vostre
tattiche di investimento. Avete intenzione di detenere
queste azioni per anni? Probabilmente non è un
problema. Ma volete cercare di ottenere un profitto
rapido con queste azioni? Forse è meno fattibile.

Piattaforme

Fortunatamente, esistono numerosi modi per investire
nello S&P500. Attraverso varie applicazioni è possibile
investire nel proprio fondo preferito in pochi secondi. Di
seguito un elenco delle applicazioni più conosciute dove
è possibile investire.

DeGiro

DeGiro è un broker olandese attivo in più di 18 paesi
europei. Attraverso questa applicazione non si investe
solo in azioni, ma anche in obbligazioni, opzioni e
persino in materie prime. Assicuratevi di controllare le
loro tariffe per vedere qual è l'opzione più conveniente
per voi.

Lince

Investite in numerosi prodotti Lynx. Pensate alle
opzioni, alle azioni e agli ETF. Lynx dispone di non meno
di 150 borse in tutto il mondo in cui è possibile
investire. Ci sono diverse opzioni, ma scegliendo il
broker giusto potete potenzialmente risparmiare molto
denaro!

Gli investimenti possono essere effettuati in molti modi. Si può essere molto attivi sui mercati finanziari e controllare i prezzi ogni minuto della giornata e calcolare i rischi, oppure si può scegliere un investimento più passivo come un indice azionario o un ETF. Anche quando si investe in un ETF, le scelte sono molteplici. Numerose opzioni. Tuttavia, l'S&P500 è il più popolare perché non è solo un paniere di diverse società, ma anche di diversi settori. In questo modo, si compensa la potenziale perdita di un particolare settore con la crescita dell'altro.

Nonostante l'investimento nello S&P500 richieda meno conoscenze e sia una forma di investimento più passiva, è certamente consigliabile fare sempre le proprie ricerche. In questo modo si sa in cosa si sta investendo e quali sono i possibili scenari!

Che cos'è un ETF (Exchange Traded Fund)?

Avete familiarità con gli investimenti? Allora probabilmente vi sarete imbattuti nel termine "ETF". Si tratta di un termine che si incontra soprattutto quando si è attivi nel trading azionario. ETF è l'acronimo di Exchange Traded Fund (Fondo negoziato in borsa) e in breve è un paniere di azioni. Quello che molti non sanno è che esistono anche ETF speciali per le criptovalute. Poiché si tratta di un fenomeno ancora piuttosto nuovo, la maggior parte degli investitori non ne è ancora a conoscenza.

In questo capitolo vi spiegheremo da dove deriva un ETF e quali ETF esistono per le criptovalute. Naturalmente, vi illustreremo anche quali sono i vantaggi e gli svantaggi degli ETF rispetto al trading di singole criptovalute.

Che cos'è un Exchange Traded Fund (ETF)?
Gli ETF più noti sono quelli del mercato azionario. Iniziamo quindi da lì. Parleremo più avanti degli ETF nel mondo delle criptovalute. In poche parole, gli ETF sono fondi che imitano un indice del mercato azionario. I principali ETF sono :

- DAX - Indice del mercato azionario tedesco.
- EURO STOXX 50 - Indice del mercato azionario europeo.
- CAC 40 - Indice del mercato azionario francese.

- AEX - Indice del mercato azionario dei Paesi Bassi.
- S&P 500 - Indice del mercato azionario degli Stati Uniti.
- MSCI WORLD - Indice del mercato azionario globale.

Gli ETF sono fondi indicizzati quotati su base continua e scambiati in borsa come le azioni. Indipendentemente dal tipo di gestione utilizzata, hanno tutti lo stesso obiettivo: rappresentare la performance di un indice o di un'attività.

Ad esempio, alcuni ETF imitano la performance di un indice del mercato azionario (NASDAQ, S&P 500, AEX, ecc.), mentre altri si concentrano su un particolare asset (materie prime, tecnologia, ecc.). In quest'ultimo caso, si tratta di un ETF sull'oro. Questo ETF imita il valore dell'oro. Quindi, se prevedete che il prezzo dell'oro aumenterà notevolmente nei prossimi anni, potreste investire in un ETF che rappresenta questo valore.

Come funziona un ETF?
Gli ETF sono fondi che replicano indici o materie prime: in quanto tali, sono considerati fondi passivi. A differenza delle azioni e delle obbligazioni che possono essere acquistate in borsa, la gestione passiva consente di assicurarsi una certa sicurezza. Se si investe nell'intero AEX, c'è una probabilità statisticamente minore che l'intero indice crolli improvvisamente rispetto all'investimento nelle azioni di una singola società.

Per molte persone ha molto senso iniziare con un ETF, perché crea una maggiore diversificazione che riduce le possibilità di perdita. È meno probabile che gli investitori esperti scelgano di investire in un ETF, perché hanno sufficiente esperienza nella ricerca dei titoli.

Il valore di ciò che un ETF rappresenta può essere misurato nei seguenti modi:

Fisico (o diretto): è la tecnica più comune in cui tutte le società che compongono l'indice sono presenti nell'ETF. In questo modo, il valore della società viene ricavato direttamente dal valore del singolo titolo.
Fisico parziale: l'ETF seleziona un campione rappresentativo delle diverse società che compongono l'indice, soprattutto quando sono numerose.
Indiretto (o sintetico): si tratta di un ETF che cerca titoli non indicizzati e ne traccia la performance. Ad esempio, consideriamo le materie prime. L'ETF analizza l'andamento di una commodity e su questo si basa il valore dell'ETF.

ETF per il mercato delle criptovalute.
Il mercato azionario e quello delle criptovalute sono due mondi diversi che non si possono paragonare. Dopo tutto, le azioni si basano sulla performance di una società e quando si possiede un'azione, si possiede anche un pezzo effettivo di quella società. Le criptovalute sono fondamentalmente pezzi di codice che si possono possedere. Quando le si possiede, però,

non si possiede un pezzo del progetto che sta dietro alla moneta.

Gli ETF hanno avvicinato molto questi due mondi. È possibile acquistare un ETF sul Bitcoin, che è completamente regolamentato per il mercato europeo e si trova sulla borsa di Gibilterra. Questo ETF si chiama The Bitcoin Fund con il biglietto QBTC.U e il numero ISIN CA09175G1046. Ad oggi, questo è l'unico ETF sul Bitcoin in vendita su un mercato azionario europeo. Purtroppo, non è ancora possibile acquistare ETF cripto negli Stati Uniti. Questo perché la SEC ha indicato che non sarà possibile aggiungere ETF cripto al mercato azionario.

Tuttavia, questo non dice nulla sul futuro. Infatti, quando il Bitcoin e le altcoin diventeranno più comuni, e quindi cresceranno di popolarità, c'è ancora la possibilità che gli ETF diventino disponibili sul mercato azionario statunitense. Quindi, fino a quando ciò non avverrà, sarà necessario acquistare l'ETF Bitcoin sul mercato azionario europeo.

Il più grande vantaggio di investire nell'ETF Bitcoin invece di investire direttamente è che non è necessario registrarsi presso una borsa valori. Inoltre, il mercato è sottoposto a una rigorosa supervisione, quindi gli investitori possono sentirsi più sicuri quando acquistano un Bitcoin ETF.

Perché un ETF Bitcoin?

Perché è necessario avere un ETF Bitcoin? Dopo tutto, è possibile acquistare Bitcoin su una borsa valori e possedere effettivamente Bitcoin. Avete un ETF? Allora non possedete Bitcoin.

L'ETF Bitcoin è particolarmente utile per attirare gli investitori che non vogliono entrare nel mercato delle criptovalute. Se sono attivi nel mercato azionario, possono comunque guadagnare grazie all'aumento del valore del Bitcoin. L'ETF è completamente regolamentato dalle autorità, quindi si pagano anche le tasse sui profitti ottenuti dall'ETF Bitcoin.

Quindi, grazie a questo ETF, è incredibilmente facile per molti investitori guadagnare con il Bitcoin, senza doversi registrare su una borsa di criptovalute. Essendo inoltre regolamentato e supervisionato, molti investitori si sentono anche molto più sicuri. In effetti, alcuni temono ancora il mercato delle criptovalute, poiché i governi e le banche mettono in guardia dai grandi rischi che il trading di criptovalute comporterebbe.

Come si acquista l'ETF Bitcoin?
Se volete acquistare l'ETF Bitcoin, potete farlo su DeGiro. Si tratta di un broker per azioni, obbligazioni ed ETF (simile a un crypto exchange). DeGiro vende l'ETF Bitcoin disponibile sulla borsa di Gibilterra.

Ci saranno anche ETF per altre criptovalute?
Gli ETF sono una soluzione ideale per evitare di
acquistare direttamente le criptovalute e i token. Ma è
già possibile acquistare ETF per altre criptovalute
(altcoins)? Al momento esistono solo ETF per il Bitcoin.
Non è ancora chiaro se ci saranno ETF per altre
criptovalute.

Questo perché non è facile rendere disponibile un ETF
sul mercato azionario. Questo perché il mercato
azionario è sottoposto a una rigorosa supervisione da
parte delle autorità di regolamentazione. Questi ultimi
dovranno approvare l'ETF prima che sia effettivamente
disponibile al pubblico.

Tuttavia, ci sono diverse società che hanno mostrato
interesse a rendere disponibili ETF per le altcoin.
Pertanto, è molto probabile che in futuro sarà possibile
acquistare anche ETF di altre criptovalute.

Volete trarre profitto dall'aumento di valore del Bitcoin,
ma non ve la sentite di acquistare il Bitcoin su una borsa
valori? Allora potete scegliere di acquistare un ETF sul
Bitcoin. Un ETF è un paniere che può rappresentare il
valore di un gruppo di società o di materie prime. Ad
esempio, un ETF può rappresentare il valore totale
dell'AEX o dell'oro.

Oggi è anche possibile acquistare un ETF Bitcoin. Si
tratta di un ETF che rappresenta il valore del Bitcoin e
che può essere acquistato sul mercato azionario di

Gibilterra. Per farlo, è necessario avere un conto presso un broker come DeGiro. Una volta approvato il conto, è possibile acquistare e vendere l'ETF.

Il Bitcoin è attualmente l'unica criptovaluta con un proprio ETF. Non ci sono ancora altcoin con un ETF, anche se sono in programma. Poiché è difficile aggiungere un ETF al mercato azionario, potrebbe volerci molto tempo prima che altre criptovalute siano disponibili come ETF. Ciò è dovuto alla rigida supervisione del mercato azionario. Negli Stati Uniti, ad esempio, non è ancora possibile acquistare l'ETF Bitcoin sul mercato azionario nazionale. Questo perché la SEC non lo ha ancora permesso.

Le 10 opzioni di investimento più importanti

Quando si inizia a investire denaro, ovviamente si vuole guadagnare. L'obiettivo dell'investimento è quello di ottenere un risultato positivo dal denaro investito. Esistono diversi prodotti in cui è possibile investire. Ogni prodotto ha i suoi vantaggi e svantaggi.

Spesso si nota una somiglianza tra i diversi prodotti d'investimento. Maggiore è il rischio, maggiore è il rendimento che si può ottenere. Il rischio è piccolo? Allora anche il profitto è spesso inferiore.

In questo capitolo vi illustrerò i diversi prodotti di investimento in cui è possibile investire, spiegandone le caratteristiche principali.

1. Azioni

Le azioni sono la prova della proprietà di una società. Chi acquista un'azione è comproprietario della società. Ciò non significa, tuttavia, che abbiate sempre voce in capitolo nelle scelte che devono essere fatte. Per questo è necessario possedere un numero elevato di azioni (si parla allora di "azionista di maggioranza").

Il valore di un'azione può aumentare e diminuire a seconda dei risultati della società e del mercato. Quando un'azienda va bene e c'è più richiesta di azioni, il valore del titolo può aumentare. Pertanto, è possibile guadagnare con il trading di azioni. Naturalmente, si può anche perdere denaro, quando il valore dell'azione scende al di sotto del prezzo di acquisto.

In alcuni casi, è possibile ottenere un rendimento dalle azioni. Si tratta dei dividendi. Si tratta di una distribuzione di utili agli azionisti. Più azioni si hanno, più si viene pagati.

Caratteristiche dell'investimento in azioni
Le parole azioni sono utilizzate soprattutto come investimento a lungo termine;
Spesso gli investitori corrono un rischio minore a causa della rigida regolamentazione;
Il prezzo dell'azione fluttua meno della criptovaluta, quindi di solito si può ottenere un rendimento minore;
Ideale nei periodi di crescita economica e di bassi tassi di interesse, in quanto le aziende investono molto e possono quindi ottenere risultati migliori.
Volete investire in azioni? Allora potreste utilizzare un broker azionario, come eTorro.

2. Obbligazioni
Spesso ci si imbatte in obbligazioni governative. Queste obbligazioni sono titoli di debito di un paese/governo. Un Paese può emettere obbligazioni per prendere in prestito denaro da altri soggetti. Esistono anche obbligazioni emesse da società.

Il valore di un'obbligazione può diminuire o aumentare, il che può rendere interessante il trading di obbligazioni. Ma è anche possibile ottenere un rendimento dalle obbligazioni. Come per qualsiasi prestito, l'emittente dell'obbligazione paga un interesse al prestatore (colui che presta il denaro). Pertanto, quando i tassi di interesse sono elevati, è possibile guadagnare di più con le obbligazioni. Quando i tassi di interesse sono bassi, il rendimento delle obbligazioni è molto più basso.

Caratteristiche dell'investimento in obbligazioni
Le obbligazioni hanno spesso una durata di 10 anni o più.
Il governo o la società pagano gli interessi sul debito.
L'investimento in obbligazioni è particolarmente interessante in tempi di tassi d'interesse elevati.
Un investimento relativamente sicuro, a seconda dell'emittente.

3. Fondi comuni di investimento
Un fondo comune di investimento è un paniere di azioni o obbligazioni. Le azioni/obbligazioni che vengono aggiunte a questo paniere (e vendute di nuovo) sono determinate dal gestore del fondo. Si tratta di una persona che ha molte conoscenze ed esperienze in materia di investimenti. Può quindi essere interessante investire in un fondo quando non si hanno le conoscenze, l'esperienza e/o il tempo per investire da soli il proprio denaro.

Prima di utilizzare un fondo comune di investimento, può essere saggio fare qualche ricerca sui diversi fondi. Osservate, ad esempio, i risultati ottenuti in precedenza dal gestore del fondo, ma anche le esperienze che altri hanno avuto con il fondo.

Caratteristiche dell'investimento in fondi di investimento

Un fondo comune di investimento può essere l'ideale quando non si ha tempo o conoscenza degli investimenti.

Il rischio di perdere denaro è minore perché a investire il vostro denaro è un esperto.

È più facile distribuire il denaro su più società.

4. Gli ETF

Gli Exchange Traded Funds, o ETF, sono inseguitori che seguono il prezzo di altri prodotti. Ad esempio, un ETF può seguire il prezzo dell'oro. Acquistando un ETF di questo tipo, si specula sul prezzo dell'oro, senza dover acquistare oro fisico. Un ETF può anche seguire un paniere di azioni. Ad esempio, c'è l'S&P 500, che contiene le 500 maggiori società degli Stati Uniti. Oppure l'AEX, che rappresenta le maggiori società olandesi.

Caratteristiche dell'investimento in ETF

Ideale per investire in prodotti difficili da acquistare, come le materie prime o un indice.

Le conoscenze necessarie per investire in un ETF indicizzato sono minime.

Facile da distribuire su più aziende.

L'ETF di una commodity è interessante in caso di inflazione elevata.

Il paniere di società dell'ETF è interessante durante i bassi tassi d'interesse perché la crescita economica è relativamente maggiore.
Ideale per una strategia a lungo termine.
Volete investire in ETF? Allora potete utilizzare un broker azionario, come DeGiro. Qui potete anche acquistare ETF.

5. Derivati (opzioni, futures, turbo)

Le opzioni, i futures e i turbo sono tre strumenti derivati che si possono acquistare sul mercato azionario. Le opzioni sono contratti che danno il diritto di acquistare o vendere un'azione a un prezzo fisso. Un calo o un aumento del prezzo può far aumentare il valore delle opzioni.

I futures sono un contratto con cui si specula sulla variazione di valore di un prodotto. Si può andare long (prezzo in aumento) e short (prezzo in diminuzione). I turbo sono leve. È possibile aumentare la propria scommessa senza disporre del capitale. In questo modo è possibile guadagnare molto denaro, ma anche perderne molto.

Caratteristiche dell'investimento in derivati

I derivati sono prodotti d'investimento rischiosi.
Per investire con successo nei derivati è necessaria una grande conoscenza ed esperienza.
I profitti che si possono ottenere dai derivati sono incredibilmente grandi, così come le perdite.

Volete investire in strumenti derivati? Allora potete utilizzare un broker azionario, come DeGiro. Qui potete anche acquistare opzioni, futures e turbo.

6. Criptovalute

Le criptovalute sono valute digitali che funzionano sulla blockchain. Il Bitcoin (BTC) è la prima e più grande criptovaluta al mondo, seguita da Ethereum (ETH). Molti investitori scelgono di investire il proprio denaro nelle criptovalute perché qui si possono ottenere ottimi rendimenti. Questo perché il valore delle criptovalute è molto volatile, anche perché il mercato non è praticamente regolamentato.

Prima di investire in criptovalute è importante capire come funzionano le criptovalute e la blockchain. Si possono ottenere molti profitti, ma si possono anche perdere molti soldi. Seguire un corso di criptovaluta può aiutare ad acquisire le conoscenze necessarie per diventare un trader di criptovaluta migliore o per imparare a guadagnare un reddito passivo dalla criptovaluta.

Caratteristiche dell'investimento in criptovalute
Gli investitori devono affrontare un rischio maggiore a causa dei bassi livelli di regolamentazione e dell'elevata volatilità.
Come investitori, potete ottenere grandi rendimenti. Senza conoscenze, la possibilità di perdere denaro è molto alta.

Possibilità di scegliere tra diversi progetti di criptovalute.
Volete investire in criptovalute? Allora potete utilizzare un exchange di criptovalute, come Bitvavo o Binance. Qui è possibile acquistare un gran numero di criptovalute.

7. Prodotti di base

Investire in materie prime può essere redditizio. Dopo tutto, avremo sempre bisogno di materie prime per realizzare prodotti e servizi. Molti investitori investono il loro patrimonio in periodi di alta inflazione, perché in questo periodo i prezzi delle materie prime aumentano.

Le possibilità sono infinite. Ad esempio, si può investire in legno, sabbia, vino, metalli preziosi (come oro e argento), ferro, piombo, gas, petrolio, benzina, ecc.

Quando si vuole investire in materie prime, è possibile acquistarle fisicamente. Tuttavia, è più facile investire in un ETF della commodity. In questo modo non si è effettivamente proprietari della commodity, ma si specula solo sul suo prezzo.

Caratteristiche dell'investimento in materie prime
Le materie prime sono legate all'inflazione perché sono alla base di prodotti e servizi.
L'inflazione provoca un aumento del prezzo delle materie prime.

Non è necessario acquistare una commodity fisicamente, si può anche acquistare semplicemente l'ETF.

Volete investire in materie prime? Allora potete utilizzare un broker come Lynx. Qui potrete acquistare, tra le altre cose, anche le materie prime. Se volete investire in metalli preziosi, potete utilizzare GoldRepublic.

8. Forex

Il trading sul Forex è il commercio di valute fiat. Le quotazioni delle valute fiat sono volatili, motivo per cui molti investitori scelgono di investire il proprio denaro in questo mercato di investimento. Spesso gli investitori ottengono i loro profitti da margini ridotti e quindi utilizzano spesso le leve.

Investire nel mercato forex può essere redditizio, ma si può anche perdere molto denaro. È cioè difficile speculare sul prezzo di una valuta fiat. Dipende molto dalle decisioni geopolitiche. Quando un Paese decide di bloccare l'esportazione o l'importazione di un determinato prodotto, ciò può influenzare il valore della valuta. Per questo motivo, la maggior parte degli investitori ha una grande conoscenza ed esperienza.

Caratteristiche dell'investimento nel forex
È difficile e richiede molto tempo per imparare il forex trading.

Il più delle volte si ottiene un ritorno da piccole variazioni di prezzo.

La maggior parte degli investitori nel forex utilizza le leve.
Questo può essere interessante perché i prezzi si muovono molto.
Sia in periodi di crescita che di declino economico si possono fare molti soldi.

Il valore di una valuta dipende dagli eventi geopolitici. Volete investire nel mercato forex? Allora potete utilizzare un broker come Lynx. Qui è possibile acquistare, tra l'altro, vlauta fiat.

9. Beni immobili

Gli immobili sono considerati da molti investitori come una delle migliori opportunità di investimento possibili. Non solo il valore degli immobili può aumentare, ma si può anche guadagnare affittandoli. Affittando un condominio si possono guadagnare facilmente 1.200 euro al mese. Nonostante il fatto che un investimento immobiliare sembri attraente, è difficile acquistare un immobile. È necessario disporre di un grande capitale.

In tempi di inflazione, un investimento immobiliare può essere intelligente. I prezzi degli immobili aumentano con l'inflazione, così come le entrate derivanti dall'affitto.

Caratteristiche dell'investimento immobiliare

79

Investire in immobili è meno rischioso.
È possibile ottenere un reddito passivo dagli affitti.
Negli ultimi 50 anni il valore degli immobili ha subito un
forte incremento.

Ideale in tempi di alta inflazione, poiché il reddito da
locazione e il valore aumentano di pari passo.

Richiede molto denaro, quindi non è adatto a tutti.

10. Trust di investimento immobiliare (REIT).

Un REIT, acronimo di Real Estate Investment Trust, è un
prodotto d'investimento che tiene conto del valore di
un'organizzazione immobiliare. Questa organizzazione
ha in gestione molti immobili che affitta. Quando il
valore degli immobili aumenta, può aumentare anche il
valore del REIT. Questo perché quando l'organizzazione
guadagna molto denaro, le possibilità di ottenere un
reddito operativo migliore sono maggiori.

Se desiderate investire nel settore immobiliare, ma non
avete abbastanza denaro per acquistare un immobile,
potete investire in un REIT. Questi tipi di REIT sono
solitamente venduti sotto forma di ETF.

Caratteristiche dell'investimento in REIT

Potete approfittare dell'aumento dei prezzi degli
immobili senza avere bisogno di un grande patrimonio.
Non guadagnate un reddito passivo e dipendete dal
gestore del REIT.

Popolare nei periodi di inflazione, perché in questi periodi i prezzi degli immobili e i redditi da locazione aumentano.

Volete investire in un REIT?
In questo caso potete utilizzare un broker azionario, come DeGiro. Qui è possibile acquistare anche REIT.

Avete letto quali sono i principali prodotti di investimento. Investendo denaro, si può guadagnare di più senza lavorare fisicamente per ottenerlo. Naturalmente, un investimento può anche rivelarsi sbagliato. Molti investitori perdono denaro perché non hanno sufficienti conoscenze. È quindi importante fare una ricerca adeguata prima di investire il proprio denaro in uno di questi prodotti.

Tassi di interesse in aumento?

L'economia è in continua evoluzione. Periodi di crescita economica si alternano a periodi di stagnazione o contrazione economica. È sempre stato così e sarà sempre così. Sono diversi i fattori che determinano se ci troviamo in un periodo di crescita o di contrazione economica. Ad esempio, l'inflazione gioca un ruolo importante. Una forte diminuzione del potere d'acquisto può portare a una recessione. Ma anche i tassi di interesse svolgono un ruolo importante nella nostra economia.

Tra il 2018 e il 2021 abbiamo registrato bassi tassi di interesse. In questi periodi era piuttosto conveniente prendere in prestito denaro. Le banche hanno visto i margini ridursi e i profitti evaporare. I mercati degli investimenti erano in piena espansione e molte persone hanno scelto di investire il proprio denaro in azioni o criptovalute, ad esempio.

A partire dal 2022, abbiamo assistito a un aumento dei tassi di interesse. Diventa quindi più costoso prendere in prestito denaro e meno persone scelgono di investire il proprio denaro in azioni o criptovalute. Diventa invece più interessante investire il denaro in obbligazioni o lasciarlo in un conto di risparmio.

In questo capitolo vi spieghiamo cosa sono i tassi d'interesse e perché stanno aumentando. Inoltre, esaminiamo da vicino le conseguenze dell'aumento dei tassi d'interesse e vi diciamo se dovreste preoccuparvi dell'aumento dei tassi d'interesse.

Che cos'è l'interesse?

L'interesse è il compenso che una parte riceve per il prestito di denaro. L'interesse è una cifra percentuale calcolata sul capitale (l'importo prestato). Avete preso in prestito 100.000 euro a un tasso di interesse del 2%? Ciò significa che ogni mese pagherete 200 euro di interessi per il prestito contratto. Oltre agli interessi, dovrete anche rimborsare il debito. È quindi importante tenere conto di due importi diversi quando si accende un prestito. È un fatto noto in TV e alla radio, ma è proprio vero: prendere in prestito denaro costa.

Le funzioni dell'interesse sono molteplici. Ad esempio, l'interesse assicura che le parti siano disposte a prestare il proprio denaro, il che è importante per la crescita economica. Il denaro preso in prestito può essere utilizzato per avviare una start-up, costruire un'azienda o acquistare una casa. Ciò significa che il denaro continua a circolare e che le imprese possono beneficiare delle spese effettuate dai cittadini e dalle altre imprese.

Gli interessi scoraggiano le persone dal pagare il debito in ritardo. Più a lungo si ha un debito in sospeso, più a lungo si devono pagare gli interessi. In molti casi, si pagano gli interessi ogni mese sull'attività presa in prestito. È anche possibile pagare gli interessi trimestralmente o annualmente, a seconda degli accordi presi dalle parti coinvolte.

L'inflazione fa sì che il denaro valga sempre meno. L'interesse compensa la diminuzione del valore del denaro creata dall'inflazione. È uno strumento che le banche centrali possono utilizzare per far aumentare il valore del denaro. Per farlo, devono tenere i loro soldi in un conto di risparmio o investire in obbligazioni. Le obbligazioni sono prestiti ai governi. Questi ultimi pagano gli interessi ai detentori di queste obbligazioni.

Senza interessi, le banche centrali non sarebbero in grado di influenzare l'economia. Pertanto, l'interesse è incredibilmente importante per la salute della nostra economia. I tempi di crescita economica devono poter essere rallentati, mentre le banche centrali devono essere in grado di stimolare la crescita economica.

Tasso di interesse sul credito (interesse sul risparmio)
Quando si deposita del denaro su un conto di risparmio, si ricevono interessi di credito. Questo si chiama anche interesse di risparmio. Il denaro contenuto in un conto di risparmio viene prestato dalle banche a chi ha bisogno di denaro. In questo modo le banche possono guadagnare oltre al denaro dei clienti, che ovviamente ne traggono profitto.

Interessi passivi
Si parla di interessi debitori quando si devono pagare gli interessi su un prestito contratto. La forma più nota di

applicazione degli interessi debitori è il mutuo. In questo caso i consumatori prendono in prestito denaro per l'acquisto di un immobile residenziale, con l'immobile che funge da garanzia.

E i tassi di interesse negativi?
Nel 2021, molte persone hanno dovuto fare i conti con i tassi di interesse negativi. Alcune persone sono state costrette a pagare il denaro che tenevano in un conto di risparmio. I bassi tassi di interesse rendono i margini delle banche molto ridotti. Le banche non possono guadagnare praticamente nulla sul denaro che prestano. Questo basso tasso di interesse a debito viene poi trasferito al tasso di interesse a credito, dando luogo a un tasso di interesse negativo.

In Europa, alcune banche hanno imposto di pagare tassi di interesse negativi a chi aveva più di 50.000 euro in un conto di risparmio. Quando i tassi di interesse aumenteranno, gli economisti prevedono che anche i tassi di interesse negativi scompariranno. Questo perché il margine di guadagno derivante dal prestito di denaro diventerà più ampio.

Perché i tassi di interesse aumentano?
I tassi di interesse aumentano solitamente per mano delle banche centrali. Esse vogliono influenzare l'economia modificando i tassi di interesse. I tassi di interesse vengono spesso aumentati in presenza di un'inflazione elevata. Come già detto, i tassi di interesse possono essere utilizzati come strumento contro

l'inflazione. L'inflazione fa diminuire il potere d'acquisto dei consumatori. Tassi d'interesse elevati consentono alle persone di guadagnare sui loro risparmi.

Quando i tassi d'interesse sono alti, diventa più interessante mettere il denaro in un conto di risparmio. Al contrario, quando i tassi d'interesse sono bassi, diventa interessante spenderli o investirli in prodotti d'investimento, come azioni, ETF e criptovalute.

L'inflazione, in molti casi, si verifica dopo un'impennata della crescita economica. Le banche spendono più denaro per dare una spinta all'economia. I bassi tassi di interesse rendono interessante prendere in prestito denaro e investire in una start-up o in una casa. Stampare denaro e poterlo prendere in prestito facilmente sono fattori di inflazione.

Quali sono gli effetti dell'aumento dei tassi di interesse?

L'aumento dei tassi di interesse rende più costoso e quindi più difficile prendere in prestito denaro. Dopo tutto, si devono pagare commissioni più alte. Allo stesso tempo, diventa interessante tenere il denaro in un conto di risparmio, perché qui si possono ottenere maggiori rendimenti.

Il prestito di denaro diventa più costoso

I tassi di interesse elevati rendono poco attraente l'accensione di un mutuo. Questo può essere compreso meglio con l'esempio seguente, in cui si confrontano tassi di interesse bassi e alti.

Un principiante vuole acquistare una casa al prezzo di 250.000 euro. Vorrebbe chiedere un prestito di 250.000 euro alla banca. Il prestito verrà ripagato mensilmente per i prossimi 30 anni (360 mesi). Ciò significa una rata di 694,44 euro al mese. Al momento della stipula del prestito, il tasso di interesse è dell'1%, un valore molto basso. Pertanto, l'interesse annuo (1% di 250.000) è di 2.500 euro, il che significa che l'investitore paga 208,33 euro di interessi al mese. Ciò significa che il principiante deve pagare 902,77 euro alla banca ogni mese.

Anni dopo, anche un altro principiante vuole acquistare una casa da 250.000 euro. Il principiante chiede un prestito di 250.000 euro. Tuttavia, il tasso di interesse è attualmente del 6%, un valore molto alto. Ogni anno (il 6% di 250.000) dovrà pagare 15.000 euro di interessi, pari a 1.250 euro al mese. L'investitore dovrà pagare alla banca 1944,44 euro al mese.

Questi due esempi chiariscono le conseguenze di tassi di interesse elevati. Una volta che i tassi di interesse sono alti, prendere in prestito denaro è molto costoso. Ecco perché il mercato immobiliare si raffredda non appena i tassi di interesse vengono aumentati.

Guadagnare di più con i risparmi
I tassi di interesse elevati non devono sempre costare di più. Quando i tassi d'interesse sono alti si può anche

guadagnare di più. Questo perché le banche pagano più interessi sui risparmi. Può quindi essere molto interessante risparmiare in banca. Questo ha un effetto sull'economia, che può essere meglio compreso con un esempio.

In tempi di bassi interessi, non si riceve quasi nulla sul denaro depositato in banca. Se il tasso d'interesse è dell'1% e avete 50.000 euro in un conto di risparmio, riceverete 500 euro in cambio ogni anno. Si tratta di una cifra molto bassa. È quindi più interessante investire il denaro in prodotti che offrono un rendimento più elevato. In tempi come questi assistiamo a una crescita economica, anche perché molte persone investono il loro denaro in azioni, immobili, criptovalute o altri prodotti di investimento.

Se il tasso d'interesse sale al 6%, su 50.000 euro in un conto bancario si guadagnerebbero 3000 euro all'anno. Si tratta di un importo nettamente superiore ai 500 euro dell'esempio precedente. Per le persone con un grande patrimonio è più interessante e sicuro lasciare il denaro in un conto di risparmio piuttosto che investirlo in prodotti di investimento rischiosi. Questo può causare una contrazione del valore dei vari mercati e provocare un mercato orso delle criptovalute.

Più soldi per i fondi pensione
L'aumento dei tassi d'interesse è positivo per i fondi pensione. Nel calcolo delle riserve pensionistiche, il livello degli interessi è molto importante. Calcolando la

riserva pensionistica, i fondi pensione capiscono di quanto denaro hanno bisogno per poter garantire a tutti una pensione in futuro.

I bassi tassi di interesse fanno sì che il denaro del fondo pensione cresca meno rapidamente rispetto ai periodi in cui i tassi di interesse sono elevati. Pertanto, la popolazione deve pagare contributi pensionistici più elevati quando i tassi di interesse sono bassi. Un'altra possibilità è che i fondi pensione versino meno denaro ai pensionati. In effetti, negli anni precedenti al 2022, sembrava che questo sarebbe accaduto. Nel 2022, tuttavia, i tassi di interesse sono aumentati e questo non è stato necessario.

Gli alti tassi di interesse aumentano il denaro nel fondo pensione. In questo modo dobbiamo pagare meno contributi pensionistici e i pensionati non devono più preoccuparsi di loro stessi.

I mercati degli investimenti diminuiscono di valore
In molti casi, i tassi di interesse elevati non sono un fattore positivo per i mercati degli investimenti, ad esempio per le azioni e le criptovalute. Gli investitori trovano più interessante tenere il proprio denaro in un conto bancario o investire in obbligazioni. Questo perché un tasso d'interesse più elevato garantisce anche la possibilità di guadagnare di più dagli investimenti in obbligazioni.

Inoltre, un tasso di interesse più elevato significa che i profitti calcolati che le aziende possono realizzare in futuro sono più bassi, il che si traduce in un valore aziendale inferiore. Gli investitori preferiscono quindi non investire il proprio denaro in azioni.

Devo preoccuparmi dei tassi di interesse elevati?
È normale che i tassi di interesse scendano e salgano. Pertanto, molte persone non devono preoccuparsi dell'aumento dei tassi di interesse. Tuttavia, in alcune situazioni i tassi di interesse elevati possono essere negativi. Soprattutto per le persone che vogliono prendere in prestito denaro, ad esempio per acquistare una casa, i tassi di interesse elevati possono essere fastidiosi. I tassi d'interesse elevati possono essere spiacevoli anche per gli investitori, perché la crescita economica ristagna o addirittura diminuisce in periodi di tassi d'interesse elevati.

Anche i tassi d'interesse elevati possono essere vantaggiosi. In questo caso, è più facile guadagnare sui risparmi depositati in banca. È inoltre possibile guadagnare di più con i prestiti.

L'interesse è il costo che si paga per prestare denaro, ma anche la ricompensa che si riceve per depositare denaro presso una banca. I tassi di interesse fluttuano continuamente. Un tasso d'interesse basso rende facile ed economico il prestito di denaro, mentre un tasso d'interesse alto lo rende molto costoso.

Un aumento dei tassi di interesse ha molti effetti sull'economia. Induce molti investitori a spostare il proprio denaro in obbligazioni e conti di risparmio, mentre gli acquirenti di case spendono molto denaro per accendere un mutuo.

Investire durante l'inflazione?

L'economia è in costante evoluzione. Anni di crescita economica si alternano ad anni di incertezza economica, seguiti da anni di crescita economica. L'inflazione è una componente importante della crescita e della contrazione economica. Quando l'inflazione aumenta, il potere d'acquisto diminuisce e con lo stesso denaro possiamo comprare sempre meno.

Naturalmente non volete che il vostro denaro, guadagnato con fatica, valga sempre meno. Ma questo è purtroppo ciò che accade a molte persone quando lasciano che il loro denaro in un conto bancario aumenti. Molti scelgono quindi di investire il proprio denaro. Il valore dei prodotti di investimento può aumentare. Quando questo aumento è superiore a quello dell'inflazione, il patrimonio può essere protetto con successo dalla diminuzione del potere d'acquisto.

Investire in tempi di inflazione e incertezza economica è meno facile che in tempi di crescita economica. Pertanto, in questo capitolo vi spiegheremo come potete proteggere il vostro patrimonio dall'inflazione, utilizzando prodotti d'investimento.

Cosa c'è da sapere sull'inflazione
Il valore di una valuta fiat, come l'euro o il dollaro USA, può fluttuare proprio come le criptovalute. Ad esempio, il valore dell'euro può scendere o salire rispetto al dollaro statunitense. La fluttuazione di una valuta fiat è

normale, ma può avere conseguenze ben più gravi della fluttuazione di un prodotto di investimento.

Si parla di inflazione quando una moneta vale sempre meno e con la stessa quantità di denaro possiamo comprare meno. I prezzi dei prodotti e dei servizi aumentano, mentre il valore della moneta fiat rimane indietro. Con lo stesso euro oggi si può comprare meno di quanto si poteva comprare ieri: il potere d'acquisto diminuisce.

L'inflazione è di tutti i tempi. L'inflazione si verifica ogni anno. Nel caso ideale, l'inflazione si aggira intorno al 2-3% all'anno, perché è segno di un'economia sana. Tuttavia, il tasso di inflazione può anche essere molto più alto, come nel caso del 2022. Di seguito è riportata una panoramica dei tassi di inflazione nei Paesi Bassi tra agosto 2021 e maggio 2022. Come si può notare, il tasso d'inflazione sta aumentando in modo significativo.

In cosa investire durante l'inflazione?
Lasciate il vostro denaro in un conto bancario? In tal caso, a causa dell'inflazione, varrà sempre meno. Molte persone scelgono quindi di investire il proprio denaro. In questo modo si può garantire che il valore delle attività aumenti, evitando che il potere d'acquisto si riduca ulteriormente.

Tuttavia, investire in tempi di alta inflazione è più difficile di quanto sembri. Quando l'inflazione aumenta più rapidamente del normale, molte persone scelgono di ritirare il proprio denaro dagli investimenti. Preferiscono avere contanti, in caso di necessità. Ciò provoca il crollo dei mercati finanziari e talvolta una crisi.

1. Prodotti di base e quote di produttori di prodotti di base

Il prezzo delle materie prime è inestricabilmente legato all'inflazione. L'inflazione, infatti, si verifica quando i prezzi di prodotti e servizi aumentano. Le materie prime sono alla base di tutti i prodotti e spesso anche dei servizi che si possono acquistare. Inoltre, avete molte opzioni, perché è possibile investire in un gran numero di materie prime. Si pensi al vino, alla quercia, all'elettricità, al grano, all'olio di girasole, al gas naturale, al ferro, ai metalli preziosi, alla carne, alle mele, ecc.

Fortunatamente, per investire in queste materie prime non è necessario acquistarle fisicamente. È possibile investire in materie prime attraverso gli Exchanges Traded Funds (ETF). Per farlo, è necessario utilizzare la piattaforma di un agente di borsa, come DeGiro.

Purtroppo, investire in materie prime non è così facile come sembra. Il prezzo di una commodity, che dipende dalla domanda e dall'offerta, può essere estremamente volatile. I conflitti geopolitici, ad esempio, possono causare una variazione della domanda e dell'offerta. Si pensi, ad esempio, alle sanzioni che i Paesi si impongono a vicenda.

2. Reddito da immobili

Naturalmente, gli immobili sono considerati uno dei prodotti di investimento più solidi. Negli ultimi decenni il valore degli immobili è aumentato. Allo stesso tempo, gli immobili possono essere affittati, consentendo di ottenere un reddito passivo mensile dagli immobili.

L'immobiliare va d'accordo con l'inflazione. L'aumento dell'inflazione provoca un aumento dei prezzi degli immobili e, di conseguenza, degli affitti. In qualità di locatori, potete ottenere un reddito più elevato quando l'inflazione aumenta. Questo fa di un investimento immobiliare uno dei migliori strumenti contro l'aumento dell'inflazione.

Nel 2022, il prezzo medio delle case nei Paesi Bassi è salito a circa 400.000 euro, il che dimostra che l'investimento immobiliare non è adatto a tutti. Pertanto, se si vuole ottenere un reddito dal settore immobiliare, è necessario disporre di un patrimonio consistente.

3. Trust di investimento immobiliare (REIT)

Fortunatamente, è possibile investire nel settore immobiliare anche attraverso i REIT, che possono essere acquistati sotto forma di ETF. Il VanEck Vectors Mortgage REIT Income ETF (MORT) è un esempio di questo tipo di ETF, che consente di proteggere il proprio patrimonio dall'aumento dell'inflazione attraverso il settore immobiliare. Questo tipo di ETF può essere acquistato anche sulla piattaforma di un broker azionario.

REIT è l'acronimo di Real Estate Investment Trust ed è il nome di società o organizzazioni che traggono profitto dagli investimenti immobiliari. Questo tipo di società possiede grandi quantità di immobili, da cui ricava un reddito attraverso l'affitto. Come avete letto, i prezzi delle case e i redditi da locazione spesso aumentano con l'inflazione. Ciò significa che il reddito di un REIT può aumentare in periodi di alta inflazione.

Investendo in un ETF REIT, potete godere dei vantaggi dell'investimento immobiliare. Tuttavia, i REIT presentano anche una serie di svantaggi. Ad esempio, il valore di un REIT è molto sensibile e legato ai tassi di interesse. L'aumento dell'inflazione è spesso seguito da un aumento dei tassi di interesse. Tassi di interesse più elevati inducono le aziende a preferire di lasciare il proprio denaro in un conto bancario, piuttosto che investirlo in altri prodotti di investimento. Inoltre, un REIT deve pagare tasse immobiliari elevate, che possono deprimere gli utili di un REIT.

4. Metalli preziosi (oro, argento e platino)

I metalli preziosi come l'oro o l'argento sono molto popolari durante le turbolenze economiche. L'oro, in particolare, è visto come una copertura contro l'inflazione, il che non sorprende. L'oro è stato usato come mezzo di pagamento per secoli. La disponibilità di oro è limitata. Una volta estratto tutto l'oro, l'offerta non crescerà ulteriormente. Lo stesso vale per l'argento e il platino, di cui peraltro c'è una maggiore disponibilità.

Tuttavia, investire in oro presenta anche degli svantaggi quando si ha a che fare con tassi di inflazione elevati. Questo perché le banche centrali tendono ad aumentare i tassi di interesse non appena l'inflazione aumenta. È ovviamente più interessante investire il proprio denaro in un prodotto che offra un rendimento, possibile una volta che i tassi di interesse aumentano. Tenere l'oro è sicuro, ma in questo caso meno redditizio.

Investire in metalli preziosi non deve essere difficile. Potete creare un conto su GoldRepublic in modo semplice e veloce. Qui potete investire online in oro fisico, argento o platino. Potete farvi spedire i lingotti a casa o conservarli nella camera blindata di GoldRepublic.

5. Titolo del Tesoro protetto dall'inflazione (TIPS)
I Treasury Inflation-Protected Security (TIPS) possono essere uno strumento perfetto contro l'inflazione per molte persone. I TIPS sono una sorta di titoli di Stato statunitensi indicizzati all'inflazione. In questo modo, gli investitori in TIPS sono protetti contro l'inflazione elevata.

Se possedete un TIPS, potete farvi pagare due volte l'anno a un tasso fisso. Il valore dei TIPS dipende dall'inflazione. L'acquisto e la vendita di TIPS dipendono quindi dal tempo. I TIPS sono disponibili in tre diverse scadenze: 5 anni, 10 anni e 30 anni.

È possibile acquistare i TIPS come ETF sulla piattaforma di un broker. Esistono diversi TIPS, per cui può sembrare difficile acquistare il prodotto giusto. Potreste cercare iShares TIPS Bond ETF (TIP), Schwab US TIPS ETF (SCHP) e FlexShares iBoxx 3-Year Target Duration TIPS Index ETF (TDTT) sono i tre TIPS più noti.

Prima di iniziare a utilizzare i TIPS, è importante notare quanto segue. In tempi di deflazione o di calo dell'indice dei prezzi al consumo (CPI), il valore dei TIPS può diminuire. Un aumento del prezzo potrebbe farvi pagare più tasse. I TIPS sono inoltre molto sensibili alle variazioni dei tassi di interesse. È quindi fondamentale determinare il giusto punto di ingresso e di uscita.

6. Cripto-puntata

Gli investimenti in criptovalute sembrano meno interessanti in tempi di alta inflazione rispetto al passato. L'esperienza passata ha dimostrato che il valore del mercato delle criptovalute diminuisce quando ci troviamo di fronte a tassi di inflazione elevati. C'è una buona probabilità che il vostro patrimonio si riduca una volta investito in cripto in tempi di alta inflazione. Pertanto, potrebbe essere più interessante investire il denaro in un prodotto che renda. Se volete fare qualcosa con le criptovalute, il crypto strike potrebbe essere un'opzione.

La puntata è il vincolo di monete e token di criptovaluta per contribuire alla sicurezza della rete blockchain e alla convalida delle transazioni. È possibile creare da soli un nodo validatore all'interno della rete Proof-of-Stake (PoS), ma si ha anche la possibilità di esternalizzare la puntata a un altro validatore.

Esternalizzare una partecipazione è più facile che creare un validatore. È possibile farlo abbastanza facilmente all'interno del portafoglio crittografico nativo di una blockchain. Effettuando una ricerca su Google, scoprirete rapidamente le possibilità. Ci sono anche sempre più borse di scambio in cui si può puntare, come Binance, Bitvavo e Coinmerce. Qui è possibile contribuire in modo rapido e semplice con monete per lo strike dal proprio portafoglio crittografico.

Per aver contribuito, riceverete delle ricompense. L'ammontare delle ricompense dipende dal numero di gettoni puntati e dal livello di attività della rete. Maggiore è il numero di transazioni, maggiori sono le commissioni di transazione pagate dagli utenti.

Uno dei più grandi e noti investitori del mondo, Warren Buffett, ha parlato più volte di investimenti in tempi di inflazione.

In tempi di forte inflazione, è naturale che vogliate proteggere il vostro patrimonio dalla diminuzione del potere d'acquisto. Tuttavia, investire in periodi di contrazione economica non è così facile come sembra. In questo capitolo vi abbiamo illustrato quali sono i prodotti in cui potete investire per proteggere il vostro patrimonio da un'inflazione elevata:

- Materie prime e azioni di produttori di materie prime
- Reddito da immobili
- Fondo di investimento immobiliare (REIT)
- Metalli preziosi (oro, argento e platino)
- Treasury Inflation-Protected Security (TIPS).
- Sciopero della criptovaluta

Naturalmente, questi sono solo esempi. Molti investitori scelgono questi prodotti di investimento, anche se ciò non significa che siano adatti anche a voi. Pertanto, fate sempre le vostre ricerche su questi prodotti e stabilite quale sia la scelta più intelligente per voi. Potete farlo, ad esempio, eseguendo un'analisi fondamentale o tecnica.

Investimenti in criptovalute

Se siete interessati alle criptovalute, ma non ne siete ancora esperti, siete nel posto giusto. In questo capitolo vi spiegherò come scoprire di più su progetti interessanti di criptovalute e criptovalute, come fare le vostre ricerche e vi darò qualche suggerimento.

Cosa sono le criptovalute?
Mentre in passato i risparmi venivano messi in banca, in un vecchio calzino o in obbligazioni, oggi ci sono più modi per aumentare il valore del proprio denaro. Uno di questi modi è investire in criptovalute.

La definizione ufficiale si trova qua e là su Internet e recita come segue:

Valute digitali in cui le transazioni sono verificate e i dati mantenuti da un sistema decentralizzato che utilizza la crittografia, piuttosto che da un'autorità centralizzata.

 Valute digitali in cui le transazioni sono verificate e i dati mantenuti da un sistema decentralizzato che utilizza la crittografia, piuttosto che da un'autorità centralizzata.
Si tratta di una frase piuttosto lunga e ci sono buone probabilità che questa non vi dia ancora un quadro del vostro potenziale investimento. Dopo tutto, cosa sono esattamente le criptovalute?

Naturalmente abbiamo il denaro contante, così come lo conosciamo, ma oltre a questo esiste una forma digitale di monete. Non si tratta di monete o banconote tangibili, ma di una combinazione di numeri e cifre che possono essere scambiate. La moneta più famosa è il Bitcoin (BTC) e un buon secondo posto è riservato a Ethereum (ETH).

Come funziona la tecnologia alla base delle criptovalute?
La criptovaluta è digitale, quindi non deve sorprendere che coinvolga una buona serie di computer. Queste meravigliose monete digitali hanno origine in una grande rete di computer. Queste macchine eseguono collettivamente ogni sorta di calcolo complesso, che noi chiamiamo crittografia.

A differenza del nostro denaro fiat, queste monete non possono rompersi e sono molto difficili da frodare. Sono conservate in modo sicuro in una rete e solo il proprietario attuale ha accesso alle sue monete crittografiche. Poiché il proprietario ha accesso alla moneta con una password, può usarla per pagare le cose, trasferirle ad altri, ecc. Non è possibile scomporre una moneta in euro, ma è possibile scomporre un Bitcoin in ben 8 cifre decimali. Tutto questo funziona sulla base della tecnologia blockchain.

Vantaggi della criptovaluta

Prima di entrare nel vivo di questa storia, vorrei condividere con voi i vantaggi della criptovaluta:

La velocità delle transazioni varia a seconda della blockchain, ma in genere un pagamento in cripto viene completato in pochi secondi.
I trasferimenti internazionali di denaro possono essere piuttosto costosi, ma un pagamento in criptovaluta è spesso molto più economico.
Se si osservano tutte le precauzioni, si tratta di un modo estremamente sicuro di pagare, risparmiare e andare in pensione.
Grazie alla tecnologia blockchain, si tratta di un sistema trasparente.

Diversificare il proprio portafoglio è molto semplice. Se le azioni salgono, le criptovalute scendono e viceversa. Chiunque può fare trading di criptovalute.

Le principali criptovalute del 2022
Tra poco vi illustrerò come determinare quali monete digitali dovreste o non dovreste acquistare, o meglio come scoprirlo. Non sono nella posizione di dare consigli finanziari e non è mia intenzione farlo. Non prendete mai per oro colato i consigli di qualcun altro, fate sempre le vostre ricerche! Ciò che può essere perfetto per qualcun altro può essere drammatico per voi. Fate attenzione, perché ci sono dei rischi! Cominciamo con le migliori monete del 2022 (finora, cioè fino a giugno 2022), secondo la mia opinione e ciò che riscontro in media nella mia rete:

103

- Bitcoin (BTC)
- Ethereum (ETH)
- Moneta Binance (BNB)
- Pois (DOT)
- Ripple (XRP)
- Solana (SOL)
- Decentramento (MANA)

Come si determina la strategia di criptovaluta?

Per cominciare, nessuna strategia è uguale all'altra. Per prima cosa stabilite voi stessi cosa volete ottenere con i vostri investimenti. Volete tenere le vostre monete per un breve periodo, perché volete rivenderle immediatamente per ottenere un buon profitto, oppure state investendo nel vostro futuro? La maggior parte degli investitori che conosco punta tutto sulla diversificazione. Ciò significa che costruiscono un portafoglio ampio e diversificato, in cui diversi asset prendono il loro posto. Pensate alle criptovalute, alle azioni, agli ETF, all'oro, ecc.

3 strategie di criptovaluta

Il vostro approccio può ovviamente essere unico e potete modellarlo come volete. Tuttavia, esistono tre linee di pensiero principali nel mondo della blockchain e delle criptovalute, ovvero:

Avrete probabilmente sentito parlare di HODL, che è di per sé un mash-up della parola holden: to hold, cioè tenere.

Investendo in più nelle altcoin, si possono comunque ottenere dei buoni risultati. Anche investire i profitti di questi investimenti in monete stabili, come Bitcoin (BTC) ed Ethereum (ETH), è un modo per aumentare la vostra ricchezza.

Anche il trading attivo di criptovalute è un altro modo per costruire semplicemente ricchezza. È possibile farlo in diversi modi, investendo regolarmente in monete e acquistando e vendendo attivamente, ovviamente in base ai prezzi.

Si tratta di un lavoro che richiede molto tempo, ma si possono anche consultare gli indici, come Bitpanda. Può essere molto interessante, soprattutto per i principianti!

Volete sapere quali sono gli elementi cruciali di una strategia di trading, secondo i nostri esperti?

Elemento #1: regole di trading
Elemento n. 2: Gestione del rischio
Elemento #3: Tempi
Elemento #4: Analisi tecnica (AT)
Elemento #5: Backtesting
Elemento #6: Reinventare se stessi

Ci sono diversi punti da considerare quando si acquistano criptovalute, che dovrebbero essere presi in considerazione. Si tratta di un'analisi fondamentale. Questi sono i fattori da tenere in considerazione:

Fattori interni

- Quante monete sono in circolazione?
- Qual è il prezzo della moneta?
- Qual è la capitalizzazione di mercato?
- Qual è il tasso di hash?
- Fattori esterni

Detto questo, ci sono anche i fattori esterni, che si possono valutare osservando i seguenti punti:

- Chi sono i concorrenti?
- Qual è lo sfondo?
- Esiste una tabella di marcia?
- Qual è lo stato della tokenomics?

Se nel team non sono coinvolti nomi noti della blockchain e di crypton, allora mi immergerei ulteriormente per vedere se ne vale la pena. L'esperienza e la rete sono spesso un ulteriore incentivo!

Quale criptovaluta dovrei comprare in questo momento?

Abbiamo parlato di tutti i tipi di questioni accessorie, come l'analisi fondamentale e tecnica e le migliori performance di quest'anno. Ma come si fa a sapere quale criptovaluta si dovrebbe comprare ora, a parte l'analisi? Beh, questo è e rimane un rischio. Io stesso acquisto monete con grande regolarità e a volte opto per la lentezza e la costanza, ma mi piace anche giocare d'azzardo. A volte ho successo facendo trading molto velocemente, mentre mia sorella ha avuto una perdita enorme nello stesso giorno con la stessa moneta. È e sarà sempre emozionante, in questo mondo volatile.

Assicuratevi che i vostri obiettivi siano chiari, che sappiate a cosa andate incontro e che non investiate denaro che non potete permettervi di perdere.

Cosa fare nell'attuale mercato orso?
Forse è superfluo ricordarlo, ma se doveste prendere in considerazione l'idea di entrare ora, dovrete fare i conti con un mercato orso. I prezzi sono in calo e il sentiment del mercato è piuttosto negativo, quindi c'è poca fiducia. La situazione si riprenderà, ma tenetelo a mente per un po'. L'attuale mercato orso è causato dalla guerra tra Russia e Ucraina, dalla pandemia e dagli alti tassi di inflazione. Questi sono alcuni consigli:

- Osservate con obiettività (senza lasciarvi guidare dalle emozioni) le monete che volete conservare o chiudere.
- Gestite il vostro patrimonio con saggezza e fate un po' di gestione del rischio.
- Conservate il capitale nel vostro conto bancario e aspettate pazientemente.
- Rimanete aggiornati e non siate estranei, perché la situazione può cambiare da un momento all'altro.

- Assicuratevi che i vostri beni siano sempre su un portafoglio hardware, come Ledger X, in modo da poter sempre accedere ai vostri beni.
- Esaminate altre opzioni di investimento, come l'oro e l'argento.

Come avete letto, non esiste un'unica strategia per lo shopping di criptovalute e di certo non è una taglia unica per tutti. È necessario fare molte ricerche e, anche se si cerca aiuto o si utilizzano alcune informazioni di base, come questi blog, si tratta comunque di elaborare il proprio piano. L'indipendenza finanziaria inizia da qui.

Se siete più anziani o disponete già di un certo patrimonio, allora è meglio rimanere su Bitcoin ed Ether. Se invece siete più giovani, avete ancora una vita intera davanti a voi e siete anche più flessibili, quindi potreste voler fare una scommessa. Nota: anche in questo caso si tratta di un discorso generale, ognuno ha una situazione unica. Siate consapevoli di questo!

Attualmente ci troviamo in una situazione non molto favorevole per iniziare, o forse sì, proprio quello che si desidera. Questo mercato orso finirà sicuramente presto, quindi tenete d'occhio la situazione del mercato.

Come proteggere i propri investimenti in un mercato ribassista?

Un mercato orso è un periodo in cui il sentimento del mercato delle criptovalute è negativo e i prezzi delle criptovalute scendono. In qualità di trader di criptovalute, è difficile proteggere il capitale durante un mercato orso di questo tipo. Naturalmente, ci sono alcune criptovalute che aumentano di valore, anche se nella maggior parte dei casi ciò avviene su scala ridotta. È probabile che vogliate soprattutto proteggere il vostro capitale da tutte le diminuzioni di valore.

In questo capitolo discuteremo alcuni metodi che i trader di criptovalute di successo utilizzano per proteggere le loro attività durante un mercato ribassista. Potreste prendere in considerazione questi metodi quando cercate una strategia da seguire durante il mercato ribassista.

Come nascono i mercati orso?
I mercati orso possono manifestarsi in modi diversi. Pertanto, esistono anche diversi tipi di mercati orso. In alcuni casi un mercato orso dura solo pochi mesi, mentre in altri casi può durare diversi anni. È quindi difficile stabilire con esattezza come nasce un mercato orso.

Il mercato orso del 2018
Con ogni probabilità, il mercato orso del 2018 si è verificato quando un gran numero di investitori non ha

più avuto fiducia nelle criptovalute come il Bitcoin (BTC). Negli anni precedenti, le criptovalute stavano guadagnando terreno. Ovunque ci si trovasse, dal parrucchiere o dal panettiere, sembrava che tutti avessero investito il proprio denaro in criptovalute.

I media, ma anche i politici, hanno parlato soprattutto di una "bolla che sta per scoppiare". I politici sconsigliavano di investire in cripto perché sarebbe stato molto rischioso e pericoloso. Poiché gran parte dei possessori di criptovalute ha poca o nessuna esperienza con le criptovalute, è stata facilmente influenzata dai media. Sentono che tutti comprano cripto? Allora lo fanno. Sentono che tutti vendono cripto? Allora lo fanno anche loro. Chiamiamo questo fenomeno FOMO (Fear Of Missing Out).

Quando il Bitcoin ha quasi raggiunto il valore di 20.000 USD, gran parte dei proprietari di BTC ha deciso di vendere le proprie monete. La fiducia nel mercato è venuta meno e anche i prezzi delle altre criptovalute hanno subito un brusco calo. Siamo entrati in un mercato orso, che alla fine è durato circa un anno e mezzo o due.

Il mercato orso del 2022
Il mercato orso del 2022 non è ancora finito al momento in cui scriviamo. Tuttavia, questo mercato orso ha una serie di cause diverse rispetto a quello del 2018. Durante la crisi della corona, le banche centrali hanno stampato molto denaro. Nel 2022, questo, unito

alla guerra tra Russia e Ucraina, ha causato alti tassi di inflazione. Il denaro valeva meno, permettendoci di comprare sempre meno con la stessa quantità di denaro. Si aprì un periodo di incertezza.

In tempi di incertezza, le persone preferiscono avere i loro beni in valuta fiat. L'investimento si inserisce maggiormente nei periodi di ottimismo economico; le persone hanno fiducia nel futuro e osano correre la "scommessa" di investire il proprio denaro. Questo contribuisce alla crescita economica.

Come posso proteggere il mio capitale in un mercato ribassista delle criptovalute?
Quando si vede scendere il valore del proprio portafoglio, può subentrare il panico. E se il valore non salisse più? E se le mie attività diminuissero ulteriormente? E se mi trovassi nei guai e avessi bisogno di denaro?

È importante non farsi prendere dal panico e affrontare le scelte in modo razionale. Riflettete attentamente sulle decisioni da prendere durante un mercato ribassista. Per quanto piccola possa sembrare una scelta, durante un mercato orso può avere un grande impatto. Cercate di spegnere i sentimenti e di pensare in modo logico.

Di seguito vi illustro come altri investitori proteggono il loro capitale durante un mercato ribassista. Questo include sia il capitale detenuto in un conto bancario che quello investito in prodotti finanziari.

1. Decidete quali posizioni volete mantenere o chiudere.

Se tutto va bene, sapete quali posizioni avete al momento. In caso contrario, potete fare una panoramica di tutte le vostre posizioni. In questo modo potrete stabilire quali posizioni volete mantenere durante un mercato ribassista e quali è meglio chiudere.

Gli investitori di successo guardano alle aspettative future di una posizione. Ad esempio, è possibile mantenere una posizione a lungo termine. Se si possiede un Bitcoin e si ritiene che il suo valore supererà il prezzo di acquisto tra 10 anni, si potrebbe decidere di mantenere la posizione.

Ma forse vi aspettate che il Bitcoin scenda ulteriormente di valore. Potrebbe quindi essere interessante vendere Bitcoin, per poi ricomprarlo quando il suo valore sarà sceso ulteriormente. In questo modo si protegge il proprio capitale da un ulteriore calo e si acquistano più Bitcoin con la stessa somma di denaro.

Naturalmente, è importante effettuare queste scelte sulla base di ricerche. Si può utilizzare, ad esempio, l'analisi fondamentale o tecnica.

2. Non abbiate paura di chiudere le posizioni

Solo un'aggiunta a ciò che abbiamo menzionato sopra. Spesso si sente parlare di "HODL". In molti casi si tratta di una tattica che funziona bene per un gran numero di trader di criptovalute. Tuttavia, può anche essere importante chiudere le posizioni.

Durante un mercato orso, i prezzi di tutte le criptovalute scendono. Nessuno sa fino a quale livello di prezzo continuerà il declino. Negli anni precedenti, il Bitcoin è stata la prima criptovaluta a salire di valore, seguita dalle altcoin.

Molti trader di criptovalute di successo stanno chiudendo le posizioni di altcoin considerate rischiose e ad alto rischio. Si tratta per lo più di monete a bassa capitalizzazione: monete che hanno una bassa capitalizzazione di mercato. Dopo un mercato ribassista, le monete a bassa capitalizzazione sono, guardando alla storia, le ultime ad aumentare di valore.

Per molti trader, quindi, non ha senso mantenere posizioni a bassa capitalizzazione. Preferiscono spostare il capitale da questo tipo di posizioni in monete di grandi dimensioni come il Bitcoin, per poi aspettare che il mercato si riprenda. A quel punto, se dovessero ancora credere in queste monete, investiranno nuovamente in questo tipo di monete a bassa capitalizzazione.

La chiusura o il mantenimento delle posizioni fa ovviamente parte della gestione del rischio.

3. Spostare il capitale in prodotti d'investimento collaudati

In molti casi, la storia si ripete. Questo vale anche per il mercato economico. Periodi di crescita economica si alternano a periodi di contrazione economica. Se guardiamo al passato, notiamo una serie di prodotti d'investimento che si comportano bene durante i mercati ribassisti.

La maggior parte delle persone si affida ai metalli preziosi come l'oro e l'argento quando i tempi sono economicamente incerti. Se osserviamo il prezzo storico dell'oro, notiamo che il suo valore è aumentato nel lungo periodo. Un gran numero di investitori sta quindi spostando il proprio patrimonio verso i metalli preziosi.

Naturalmente, il rendimento che si può ottenere con i metalli preziosi è inferiore a quello che si può ottenere con le criptovalute. Tuttavia, anche in questo caso non si tratta di generare rendimenti. Durante un mercato ribassista, i trader di criptovalute vogliono proteggere il loro capitale dal calo dei prezzi. I metalli preziosi sono un ottimo modo per molti trader di farlo.

4. Depositare il capitale in un conto bancario e avere pazienza

Può sembrare un consiglio sciocco. Eppure c'è qualcosa da dire in proposito. Quando ci troviamo in un mercato orso delle criptovalute, ma anche altri mercati subiscono cali di prezzo, è difficile decidere in cosa sia meglio investire. In tempi di incertezza economica, i prezzi di azioni, indici, fondi, immobili, criptovalute, metalli preziosi, ETF, ecc. possono scendere. Trovare il prodotto d'investimento giusto può essere considerato un compito impossibile.

Gli esperti di criptovalute e di investimenti scelgono quindi in molti casi di essere pazienti. Conservano il loro capitale in un conto bancario, fanno ricerche su nuove monete cripto e aspettano di cogliere i segnali che indicano che il mercato ribassista sembra essere diretto verso la fine.

Quando un mercato ribassista ha toccato il fondo, le criptovalute possono essere acquistate al prezzo più basso. Naturalmente, questo vale anche per altri prodotti di investimento. Quando si acquista un prodotto al prezzo più basso possibile, si può ottenere il massimo ritorno sull'investimento.

Certo: quando si tiene il proprio denaro in un conto bancario, il suo valore diminuisce a causa dell'inflazione. Tuttavia, quando si investe il capitale durante un mercato ribassista, il valore del capitale può diminuire molto più rapidamente che in un conto bancario. Aspettando tranquillamente che si raggiunga il fondo, si può massimizzare il rendimento e recuperare due volte il calo di valore indotto dall'inflazione. Naturalmente, ciò varia a seconda delle valute e dei mercati ribassisti. Per questo motivo è necessario fare sempre una ricerca personale sulla propria situazione.

5. Continuare a ricercare opportunità e possibilità

Durante un mercato ribassista, ovviamente, si vuole proteggere il proprio capitale il più possibile. Ma dopo un mercato ribassista si vuole ottenere il massimo rendimento possibile. Non restate fermi durante un mercato ribassista, ma continuate a ricercare diversi progetti di criptovalute che potrebbero diventare preziosi dopo il mercato ribassista. Non per niente si dice che i "futuri milionari" nascono durante i mercati ribassisti.

Molti trader di criptovalute non investono il loro denaro durante un mercato ribassista. Si ha più tempo per fare ricerca. Sarebbe saggio non disperare, ma piuttosto concentrarsi su ciò che verrà dopo il mercato orso. Avete fatto le vostre ricerche? Allora potete colpire non appena vi aspettate che il mercato orso sia terminato.

6. Conservare le criptovalute in portafogli freddi

Durante un mercato ribassista c'è meno liquidità sui protocolli e sulle borse decentralizzate. Inoltre, le borse centrali vedono diminuire le loro entrate. Una minore liquidità può mettere in difficoltà i protocolli decentralizzati. Inoltre, non è inverosimile che una borsa centrale vada in bancarotta durante un mercato ribassista.

Gli exchange e i protocolli DeFi prometteranno sempre che le vostre criptomonete sono davvero vostre e che non possono impossessarsene. Tuttavia, quello delle criptovalute è un mercato meno regolamentato e molti scenari impensabili sono diventati realtà in passato (si pensi al fiasco di Terra).

Gli esperti di criptovalute preferiscono conservare le loro monete in un portafoglio hardware durante un mercato ribassista. In questo modo si ha il pieno controllo del proprio patrimonio, senza dipendere da altri. Ledger e Trezor sono noti editori di portafogli a freddo. È possibile memorizzare praticamente qualsiasi criptovaluta su di essi.

Durante un mercato ribassista, è difficile determinare il modo migliore di impiegare il proprio capitale. È ovvio che si vuole proteggere il più possibile il proprio patrimonio da un calo di valore. Quando anche i prezzi di altri mercati, come quello delle azioni e dei metalli preziosi, scendono e la moneta fiat diventa meno valida a causa dell'inflazione, è ancora più difficile trovare una strategia per proteggere il proprio capitale.

Molti trader di criptovalute di successo proteggono il proprio capitale utilizzando i metodi sopra descritti. Nonostante il fatto che molti altri trader utilizzino questi metodi, è ovviamente importante fare una valutazione della propria situazione e ricercare le varie opzioni di protezione del capitale.

Diversificazione in un mercato orso

Molti investitori entrano nel mercato delle criptovalute durante un mercato toro: i prezzi sono in aumento, le aspettative sono favorevoli, c'è grande fiducia nel mercato e purtroppo i rischi sono spesso dimenticati.

Se il mercato si trasforma in un mercato orso, molti investitori non sono ben preparati e perdono molto denaro. Questo fenomeno può essere evitato distribuendo i rischi attraverso la diversificazione del portafoglio. La diversificazione riduce i rischi di investimento, senza che ciò vada a scapito dei rendimenti.

Questo capitolo spiega esattamente cos'è la diversificazione, perché è importante durante un mercato ribassista e come costruire un portafoglio equilibrato.

Che cos'è un mercato orso?
Nel mercato delle criptovalute si distinguono generalmente due periodi principali: il mercato toro e il mercato orso. Questi termini si riferiscono al modo in cui questi animali attaccano le loro prede e sono utilizzati come metafora dei movimenti del mercato.

Durante un mercato toro, si assiste a un aumento significativo dei prezzi per un periodo di tempo più lungo e a un elevato livello di fiducia da parte degli investitori. Si può quindi paragonare a un toro che alza le corna in aria.

Un mercato orso, invece, è caratterizzato da ribassi rapidi e forti per un periodo di tempo prolungato, con una scarsa fiducia nel mercato. Un po' come un orso che abbatte i suoi artigli. Nel mercato tradizionale, cali del 20% sono rapidamente considerati un mercato orso. Nel mercato delle criptovalute, invece, cali del 20% si verificano regolarmente e possono quindi essere considerati del tutto normali. In un vero e proprio mercato orso delle criptovalute si deve quindi pensare a cali più consistenti. I cali superiori al 90% non sono eccezionali. In questo caso c'è una domanda molto bassa e un'offerta molto alta, quindi i prezzi scenderanno molto.

Rischi durante un mercato orso
Durante un mercato orso si presentano diversi rischi specifici.

Svalutazione del portafoglio
Poiché i prezzi delle criptovalute scendono così rapidamente, anche il vostro portafoglio diminuirà di valore. Questo se si rimane fermi e non si fa nulla. Se il vostro portafoglio perde il 90% del suo valore, non è impensabile che questo vi metta in ansia e vi faccia prendere dal panico. E' ancora peggio se poi vi fate prendere dal panico e vendete il vostro portafoglio con un'enorme perdita.

Scomparsa delle monete crittografiche

Un altro rischio che si aggiunge a questo è che molte criptovalute e progetti spariranno durante un mercato ribassista e non torneranno più. Mentre si prevede che la maggior parte delle criptovalute di grandi dimensioni tornerà a salire durante il prossimo mercato rialzista, molte criptovalute di piccole dimensioni scompariranno per sempre. Quindi, se avete investito in queste, potreste perdere molto denaro. Solo i progetti di criptovalute veramente ben costruiti sopravvivranno al mercato orso.

Fallimento di criptovalute/piattaforme

Anche le borse di criptovalute e le altre piattaforme di criptovalute possono trovarsi in difficoltà a causa del forte calo dei prezzi. Se non sono più in grado di adempiere ai loro obblighi, questo può portare alla bancarotta. Se una borsa fallisce e voi avete le vostre criptovalute in quel momento, la possibilità di riavere indietro il denaro investito è molto bassa.

Le criptovalute detenute dall'exchange finiranno nella massa fallimentare. Come cliente di questo exchange, siete solo un creditore non garantito, il che significa che sarete tra gli ultimi a essere pagati dalla massa fallimentare. Nella maggior parte dei casi, a quel punto la massa fallimentare è già vuota da tempo e quindi insufficiente a rimborsare tutti i creditori, lasciandovi a mani vuote. Un'espressione popolare nel mondo delle criptovalute è quindi: "Non le vostre chiavi, non le vostre monete". Senza possedere la chiave del vostro portafoglio, come nel caso delle criptovalute, non avete il controllo della vostra cripto.

Furti e truffe

Infine, spesso, alla fine di un mercato toro/inizio di un mercato orso, vediamo che grandi furti, truffe e altre forme di criminalità in criptovaluta portano a molti disordini nel mercato delle criptovalute, facendo perdere la fiducia nel mercato delle criptovalute. Anche in seguito, ladri e truffatori amano colpire quando c'è panico, proprio come accade durante un mercato orso. Si pensi ai furti e alle violazioni dei protocolli, degli scambi di criptovalute o persino del proprio portafoglio, che possono causare la perdita delle criptovalute.

È quindi bene riflettere sui rischi che si verificano durante un mercato orso. Con le criptovalute si possono ottenere profitti elevati, ma certamente anche perdite elevate, soprattutto durante un mercato ribassista. E questo è un aspetto che molte persone non tengono in considerazione a sufficienza, il che significa che finiscono per perdere molto denaro durante un mercato ribassista. E questo, ovviamente, è un vero peccato!

La domanda successiva è: come prepararsi a questi rischi, in modo da evitare il più possibile di perdere il proprio denaro? La risposta è: diversificazione.

Che cos'è la diversificazione?

La diversificazione è una strategia di investimento che distribuisce il rischio su più tipi di prodotti finanziari, settori e/o piattaforme. L'obiettivo è quello di ridurre al minimo il rischio che un investitore deve affrontare, suddividendo l'investimento totale in diverse componenti che non sono tutte influenzate dallo stesso evento negativo.

Per rischio si intende la probabilità che in futuro si verifichi un evento indesiderato che avrà un impatto negativo sul raggiungimento dei vostri obiettivi. Nel caso degli investimenti, ciò equivale concretamente alla possibilità di subire una perdita. Quindi dovete effettivamente evitare che un determinato evento avverso si ripercuota sull'intero investimento.

Il futuro è difficile da prevedere, ma possiamo prepararci al meglio. La diversificazione è quindi un elemento importante da considerare quando si costruisce il proprio portafoglio. La diversificazione riduce i rischi di investimento senza sacrificare i rendimenti.

Rischi di diffusione
Molti nuovi investitori entrano nel mercato delle criptovalute durante un mercato toro e decidono di acquistare e fare trading di criptovalute grazie al clamore e al fomo. I prezzi aumentano in modo significativo, le aspettative sono favorevoli, c'è grande fiducia nel mercato e purtroppo i rischi vengono spesso dimenticati. Se poi il mercato si trasforma in un mercato orso e si verifica una correzione importante con i rischi sopra citati, molti investitori non sono ben preparati e

perdono molto denaro. Questo fenomeno può essere
evitato distribuendo i rischi.

È possibile distribuire i rischi 1: diversificando il
portafoglio investendo in diversi prodotti e settori
finanziari e 2: distribuendo il portafoglio su diverse
piattaforme e portafogli. Queste due opzioni saranno
spiegate più avanti.

Diversificare il portafoglio

Come già detto, la diversificazione non consiste solo
nell'acquistare diversi tipi di criptovalute, ma anche nel
distribuire i propri investimenti su più prodotti e settori
finanziari. Se guardiamo al passato, notiamo che
durante un mercato ribassista delle criptovalute, alcuni
asset ottengono risultati migliori di altri. Questo perché
alcuni settori o società possono trarre profitto quando
altri subiscono perdite.

È quindi utile distribuire il vostro portafoglio in modo
tale che una certa circostanza di mercato avversa non
influisca su tutti i vostri investimenti. Si può fare questo,
ad esempio, facendo HODLING di almeno una parte
delle proprie criptomonete e/o acquistandone un po' di
più ogni volta, vendendo una parte delle proprie
criptomonete e convertendole in varie monete stabili e
in denaro fiat, e investendone una parte, ad esempio, in
azioni, obbligazioni, metalli preziosi e materie prime.
Idealmente, il vostro portafoglio dovrebbe essere
composto da prodotti finanziari di diversi settori e
regioni.

Monete criptovalute

La diversificazione attraverso l'acquisto di diverse criptovalute assicura che le flessioni vengano assorbite dalle altre criptovalute possedute. In questo modo si riduce il rischio del portafoglio come se si investisse solo in un tipo di criptovaluta e si è meno vulnerabili al rischio. Ad esempio, se aveste investito tutto in Terra (Luna), avreste visto il vostro investimento evaporare dopo il crollo. Non è quindi saggio avere in portafoglio un solo tipo di criptovaluta. Pertanto, cercate di diversificare tra più tipi di criptovalute, ricercando quali progetti di criptovalute sono ben costruiti e hanno un potenziale di crescita in futuro.

In un mercato ribassista, i prezzi delle criptovalute sono bassi. Pertanto, può essere un buon momento di acquisto. Tuttavia, è difficile prevedere con esattezza quando il mercato orso ha toccato il fondo, ovvero quando i prezzi sono al minimo. Pertanto, un modo popolare di investire è il metodo del dollar cost averaging (DCA), in cui si investono importi uguali a intervalli regolari, indipendentemente dal prezzo della criptovaluta in quel momento, al fine di ottenere il massimo rendimento possibile. Ad esempio, si acquistano ogni mese diverse criptovalute per 100 euro.

Monete stabili e denaro fiat

Le monete stabili sono criptovalute che puntano sempre a un valore stabile. Sono sostenute da un'attività sottostante, a cui è legato il prezzo. In linea di principio, non ha molta importanza quale sia l'asset sottostante, purché il valore totale sia pari alla domanda. Infatti, per garantire un valore stabile, la domanda e l'offerta devono essere in equilibrio.

In molti casi il prezzo delle monete stabili è legato alla moneta fiat, di solito il dollaro USA. L'intento è quello di riflettere il valore del dollaro statunitense, in modo da avere una criptovaluta stabile che possa essere utilizzata come un dollaro digitale, per così dire, e che protegga dalla volatilità del mercato delle criptovalute. L'idea è che una moneta stabile debba sempre valere circa 1 dollaro. Le monete stabili forniscono quindi sicurezza e protezione in un mercato ribassista, per garantire che il valore dei vostri beni non crolli. Una buona opzione può essere quella di interrompere le monete stabili in un mercato ribassista e ottenere comunque un profitto. In questo modo si ottiene di solito un rendimento molto più elevato rispetto a quello che si ottiene, ad esempio, investendo il proprio denaro in un conto di risparmio.

Oggi esistono molti tipi di monete stabili. Di seguito un elenco delle più popolari:

- Tether (USDT)
- Moneta USDC (USDC)
- Binance USD (BUSD)
- Dai (DAI)

In pratica, però, le monete stabili non sono prive di rischi e possono anche presentare una certa volatilità o addirittura diminuire del tutto il loro valore. Ne sono un esempio le varie cause in cui Tether è stata citata in giudizio e l'incidente di Terra (Luna) del maggio 2022, che ha reso evidente che TerraUSD non è una moneta stabile sicura. Le monete stabili non sono quindi prive di rischi. Quindi siete avvisati.

Per ripartire meglio i rischi, sarebbe meglio suddividere il proprio patrimonio tra diverse monete stabili, piuttosto che optare per un'unica moneta stabile. Ancora meglio è convertire una parte in moneta fiat, come dollari o euro, per sicurezza. Se dovesse accadere qualcosa a una o più monete stabili, almeno non perderete tutto il vostro denaro.

Altre categorie di investimento

Come appena accennato, la diversificazione non riguarda solo la costruzione di un portafoglio composto da diversi tipi di criptovalute, ma anche la ripartizione tra più prodotti finanziari. Potete diversificare il vostro portafoglio investendo una parte del vostro patrimonio in azioni, obbligazioni, metalli preziosi, materie prime o ETF oltre alle criptovalute.

Azioni e obbligazioni

Le azioni sono, in parole povere, unità negoziabili del capitale di una società e attualmente sono ancora il modo più popolare di investire. Acquistando un'azione, si mette a disposizione del denaro di una società e se ne diventa parzialmente proprietari. Quando la società realizza un utile o una perdita, questo si riflette sul prezzo delle azioni.

Ciò dimostra che anche le azioni sono soggette a rischi. Se la società va bene, il prezzo sale. Se l'azienda si comporta male o ci sono altri sviluppi negativi, il prezzo scende. È importante notare che non tutti gli eventi hanno lo stesso effetto sulle società. Se uno sviluppo può essere vantaggioso per una società, può essere sfavorevole per un'altra. Ad esempio, se il prezzo del petrolio aumenta, ciò è favorevole per un'azienda petrolifera, ma sfavorevole per un'azienda di trasporti.

Se una società fallisce, nella maggior parte dei casi gli azionisti perdono il loro denaro. Pertanto, anche nel caso delle azioni, è saggio ripartire il proprio investimento su diverse azioni. Inoltre, potete optare per altre categorie di investimento, come le obbligazioni. Un'obbligazione è un prestito negoziabile emesso da società, governi o paesi. Come investitori, potete investire in esse prestando denaro, per il quale ricevete un interesse percentuale fisso. Alla fine della durata del prestito si ottiene la restituzione del denaro.

È possibile investire in azioni o obbligazioni attraverso diversi broker. Uno dei più noti è eTorro.

Metalli preziosi e materie prime
Un'altra opzione per garantire una maggiore diversificazione del portafoglio è quella di investire in

metalli preziosi e materie prime. Si pensi non solo all'oro, all'argento e al petrolio, ma anche, ad esempio, al minerale di ferro, al carbone, al grano, al caffè, al cotone, ecc.

Le materie prime sono scarse e quindi non sono disponibili all'infinito, quindi il prezzo è determinato dalla domanda e dall'offerta, il che le rende un investimento interessante. Inoltre, a differenza di altri prodotti finanziari, le materie prime non possono fallire. Tuttavia, anche in questo caso bisogna tenere conto del rischio che i prezzi delle materie prime possano subire forti oscillazioni a causa di varie circostanze, come conflitti politici e catastrofi naturali.

Il metallo prezioso più popolare in cui investire è l'oro. Molti trader di criptovalute si rivolgono quindi all'oro durante un mercato ribassista. Volete saperne di più? In questo blog vi spieghiamo come spostare le vostre criptovalute in oro.

ETF

Infine, un modo semplice per diversificare il portafoglio è rappresentato dai fondi negoziati in borsa (ETF). Gli ETF, in breve, sono fondi che seguono un indice, un'obbligazione, una materia prima o un insieme di più prodotti. Gli ETF seguono il valore dei prodotti sottostanti e possono essere negoziati in borsa proprio come le azioni e le obbligazioni. Si tratta quindi di un prodotto finanziario ideale per ripartire i rischi, perché si tratta, per così dire, di acquistare un gruppo di azioni che fanno parte di un certo tipo o categoria e che possono quindi essere molto diversificate.

Di seguito sono elencati alcuni ETF popolari:

ETF indicizzati: questo tipo di ETF segue gli indici, come ad esempio l'indice AEX.
ETF obbligazionari: questo tipo di ETF segue le obbligazioni.
ETF su materie prime: questo tipo di ETF segue le materie prime.
ETF settoriali: questo tipo di ETF segue un intero settore, come quello tecnologico o petrolifero.

Distribuire le partecipazioni in portafoglio

Oltre a diversificare il portafoglio, è importante anche ripartire lo stoccaggio del portafoglio. Come già detto, gli exchange di criptovalute corrono il rischio di fallire durante un mercato ribassista. Quando una borsa fallisce e voi detenete le vostre criptovalute in quel momento, la possibilità di recuperare il denaro investito è molto bassa. Esiste anche il rischio di furti e hacking dei protocolli, degli exchange di criptovalute o persino del vostro portafoglio, che possono farvi perdere le vostre criptovalute. Potete prepararvi a questa eventualità suddividendo il vostro portafoglio su diverse piattaforme e portafogli.

Cripto e monete stabili:

Per evitare di perdere le proprie criptovalute a causa di un fallimento o di un hackeraggio di una borsa, è una saggia idea quella di non conservare tutte le proprie criptovalute su una sola borsa. L'opzione migliore è quella di proteggere le proprie criptovalute utilizzando un portafoglio hardware, in cui le criptovalute sono conservate offline e non su borse o piattaforme. Per saperne di più, leggete questo blog.

Moneta Fiat:
Il modo più sicuro per depositare il proprio denaro fiat è il conto bancario, e quindi non una criptovaluta, a causa dei rischi sopra citati. Per garantire questa sicurezza, le banche sono soggette a leggi severe e sono sorvegliate. Inoltre, il vostro denaro in una banca nei Paesi Bassi è legalmente protetto dal sistema di garanzia dei depositi, che vi assicura di riavere il vostro denaro (fino a un certo importo) se una banca fallisce.

Altre categorie di investimento:
Le piattaforme in cui si acquistano azioni, obbligazioni, metalli preziosi, materie prime ed ETF sono, come le banche, generalmente soggette a una rigida regolamentazione, a differenza delle criptovalute e quindi molto più sicure in termini di conservazione. Spesso i vostri beni sono separati da quelli della piattaforma, il che significa che non cadranno nella massa fallimentare in caso di fallimento. Inoltre, esiste anche una regola di compensazione per gli investitori, che consente di riavere il proprio investimento fino a un certo importo in caso di fallimento, ad esempio.

In questo capitolo abbiamo discusso ampiamente dell'importanza di diversificare il proprio portafoglio in modo da distribuire i rischi. Il futuro è difficile da prevedere, ma possiamo prepararci al meglio costruendo un portafoglio equilibrato, in cui non si acquistano solo diversi tipi di criptovalute, ma anche altri prodotti finanziari come azioni, obbligazioni, materie prime o ETF, e in cui lo stoccaggio del portafoglio è distribuito. Infine, è importante scegliere la strategia più adatta a voi!

Il vostro libro gratuito

Se volete iniziare in modo redditizio nel mondo delle criptovalute, assicuratevi di scaricare il nostro bonus gratuito con **12 consigli estremamente preziosi per i principianti!**

Con questo libro e questi consigli, avrete la garanzia di un ottimo inizio per i vostri investimenti futuri!

Iscriviti qui per ottenere l'accesso immediato e dare il via al tuo successo in criptovaluta:

https://campsite.bio/stellarmoonpublishing

Il nostro corso di trading esperto in

criptovalute

Siete alla ricerca di un nuovo modo di investire?

Volete fare un po' di soldi?

Siete interessati a investire ma non sapete da dove cominciare?

Volete iniziare il vostro trading di criptovalute con le conoscenze di rinomati esperti di finanza e investimenti?

Il Corso di Expert Trading sulle criptovalute è il corso più completo sul trading e l'investimento con le criptovalute. Imparerete a fare trading in pochi minuti al giorno. Vi insegniamo tutto, dall'analisi tecnica alla gestione del rischio e molto altro ancora.

Il nostro obiettivo è aiutarvi a diventare un trader di successo, in modo che il vostro futuro finanziario sia sicuro.

Investire non è mai stato così facile con il nostro programma passo-passo che insegna ai principianti come fare trading come un esperto, con il potenziale di ottenere enormi profitti!

La parte migliore di questo corso è che è tenuto da esperti. Quindi, cosa state aspettando? Iniziate oggi stesso!

Per ulteriori informazioni, visitate questo link:

https://payhip.com/b/ork8N